体育舞蹈教学理论与实践探究

赵志梅　著

中国商业出版社

图书在版编目（CIP）数据

体育舞蹈教学理论与实践探究 / 赵志梅著. -- 北京 : 中国商业出版社, 2024. 10. -- ISBN 978-7-5208-3191-8

Ⅰ. G831.32

中国国家版本馆CIP数据核字第2024HZ1818号

责任编辑:袁　娜

中国商业出版社出版发行

（www.zgsycb.com　100053　北京广安门内报国寺 1 号）

总编室：010-63180647　编辑室：010-83128926

发行部：010-83120835/8286

新华书店经销

北京厚诚则铭印刷科技有限公司印刷

*

710 毫米 × 1000 毫米　16 开　5.5 印张　113 千字

2024 年 10 月 第 1 版　2024 年 10 月 第 1 次印刷

定价：68.00 元

* * * *

前言

在这个快速变化的时代里，体育舞蹈以其独特的艺术魅力和体育精神，在全球范围内赢得了人们广泛的喜爱与尊重。它不仅是一项充满激情与活力的身体活动，更是连接不同文化、不同背景人们心灵的桥梁。《体育舞蹈教学理论与实践探究》旨在为体育舞蹈爱好者、教育者及专业选手提供一套全面、系统的理论指导与实践指南。

体育舞蹈的魅力在于其能够将人体动作之美与音乐节奏之韵完美融合。它既是对身体极限的挑战，也是对个人情感与创造力的表达。本书从体育舞蹈的独特魅力入手，深入浅出地介绍了体育舞蹈的基础知识与艺术审美，帮助读者建立起对这一领域的初步认知。通过系统化的教学策略、课程设计与实施、技术教学与美学、训练与比赛等多个维度的探讨，本书力图构建一个全方位的学习框架，使读者能够在理论学习与实践操作中不断进步。

在教学方面，本书强调了教学方法创新应用与实践探索的重要性。有效的教学策略是提升教学质量的关键，因此，书中详细阐述了如何根据不同学习者的特点和需求来制订个性化的教学计划，以确保每位学习者都能得到最适合自己的指导。此外，还特别关注了体育舞蹈课程的建设和管理，提出了实用性强且易于操作的建议，旨在帮助教师更好地组织和实施课程。

技术层面的讲解则是本书的核心部分。无论是针对摩登舞还是针对拉丁舞，本书都提供了详尽的技术指导与形体美学分析，让读者不仅能掌握正确的舞蹈技巧，还能深刻理解舞蹈背后的文化内涵和审美价值。同时，针对体育舞蹈训练与比赛，本书也进行了深入的探讨，包括体能训练、比赛组织、裁判工作等方面的内容，力求帮助舞者在竞技场上取得佳绩。

希望本书的出版，能够激发更多人对体育舞蹈的兴趣与热情，并为推动这项运动的发展作出贡献。无论你是初学者还是资深舞者，都能从本书中找到有价值的信息与灵感。

目 录

第一章　体育舞蹈理论

体育舞蹈是一项兼具艺术性与竞技性的体育项目，对其教学理论与实践的探究具有重要意义。本章主要从体育舞蹈的基础知识、艺术审美及独特魅力等方面进行深入探讨，旨在为体育舞蹈教学提供理论指导，提高体育舞蹈教学质量，帮助学生更好地掌握体育舞蹈技巧，培养高素质体育舞蹈人才。同时，本章还将分析我国体育舞蹈发展现状和趋势，以期为我国体育舞蹈的普及与发展提供参考。

第一节　体育舞蹈概述

一、体育舞蹈的历史沿革

（一）体育舞蹈的起源与发展

体育舞蹈，是一种将体育与艺术完美结合的舞蹈形式，具有独特的魅力。体育舞蹈的历史沿革可以追溯到古埃及、古罗马和古希腊时期，当时的人们通过舞蹈来表达情感、庆祝节日和开展社交活动，后逐渐发展为一种具有竞技性质的体育项目。

20 世纪初，体育舞蹈开始在国际上流行，各种舞蹈赛事相继举办。1935 年，国际体育舞蹈联合会（IDSF）的成立，更是将体育舞蹈推向了世界舞台。在我国，体育舞蹈的发展始于 20 世纪 50 年代。80 年代后，体育舞蹈逐渐在我国普及。越来越多的年轻人投身于体育舞蹈的学习与训练中，为我国体育舞蹈事业的发展作出了巨大贡献。如今，体育舞蹈已经成为一项受到全球喜爱的运动，无论是激情四溢的桑巴舞、活泼的恰恰舞、刚健的斗牛舞、优雅的华尔兹，还是野性的探戈舞，都展现着体育舞蹈的独特魅力。体育舞蹈不仅是一种竞技运动，也是一种文化艺术，它传递着快乐、健康和积极向上的精神风貌。

在体育舞蹈的世界里，舞者们以舞蹈为媒介，传递着跨越国界、跨越文化的情感。他们通过身体的律动、优雅的姿态和精确的舞步，诠释着每一支舞蹈背后的故事和情感。在体育舞蹈的赛场上，舞者不仅要展现高超的舞蹈技巧，还要具备出色的身体素质和心理素质。他们需要经历长时间的训练和磨炼，才能在比赛中脱颖而出。而每一次的失败和挫折，都让他们更加坚定地走向成功。除了赛场上的激烈角逐，体育舞蹈在日常生活中也扮演着重要的角色，是人们休闲娱乐、健身锻炼和社会交流的重要方式。在舞厅里，人们可以随着音乐的节奏舞动身体，释放压力，享受舞蹈带来的快乐。在社交场合中，体育舞蹈是人们交流情感、增进友谊的桥梁。随着科技的进步和互联网的发展，体育舞蹈的传播方式也变得更加多样化、便捷化。通过社交媒体和在线课程等渠道，越来越多的人可以接触到体育舞蹈，学习和了解这项运动的魅力。这不仅推动了体育舞蹈在全球范围内的普及和发展，也为舞者们提供了更多的展示和交流的机会。

（二）我国体育舞蹈的兴起与现状

我国体育舞蹈的起源可以追溯到 20 世纪 50 年代，经过几十年的发展，我国体育舞蹈取得了显著的成就，无论是在国内赛事还是国际赛事上，我国选手都取得了优异的成绩。如今，我国体育舞蹈事业呈现出良好的发展态势，越来越多的人参与到体育舞蹈中来，它已经成为一项我国人民喜闻乐见的运动。在今后的发展中，我国将继续加大对体育舞蹈事业的投入和支持，培养更多的优秀舞者，推动我国体育舞蹈事业的繁荣发展。

随着我国体育舞蹈事业的蓬勃发展，不仅舞者们的技艺水平日益提高，体育舞蹈的文化内涵也在不断丰富。这项运动不仅是身体的锻炼和竞技的展示，也是文化交流与传承的桥梁。

近年来，我国体育舞蹈在融合传统元素和创新理念方面取得了显著成果。一些编导和舞者将中国的传统舞蹈元素，如扇子舞、剑舞等，巧妙地融入体育舞蹈中，使得这项运动在保持国际风格的同时，也展现出独特的中国韵味。这样的创新融入不仅让国内观众耳目一新，也在国际舞台上赢得了广泛的赞誉。此外，我国还积极推动体育舞蹈的普及。通过举办各种培训班、讲座和比赛活动，让更多的人了解和学习体育舞蹈。特别是在青少年群体中，体育舞蹈已经成为一项备受欢迎的运动项目。许多学校将体育舞蹈纳入体育课程中，为青少年提供了更多接触和学习体育舞蹈的机会。同时，我国还加强了与国际体育舞蹈界的交流与合作。通过派遣选手参加国际比赛、邀请国外专家来华指导等方式，不断提升我国体育舞蹈的竞技水平和国际影响力。这些交流与合作不仅促进了我国体育舞蹈事业的发展，也增进了我国与其他国家之间的友谊。

（三）世界体育舞蹈的发展趋势

世界体育舞蹈的发展趋势表现为多样化、专业化与国际化。多样化体现在舞蹈风格的丰富和融合，传统舞蹈与现代舞蹈相结合，形成了独特的舞蹈风格。专业化体现在舞蹈训练和比赛的专业程度不断提高，舞者通过系统的训练，舞蹈技巧和表现力都得到了极大的提升。国际化体现在舞蹈赛事的国际化水平不断提升，吸引了许多国家和地区的舞者参与，促进了国际的文化交流与竞技。未来，世界体育舞蹈将继续沿着这一趋势发展，为全球体育舞蹈爱好者带来更加精彩的舞蹈盛宴。随着科技的不断进步，科技元素也越来越多地融入体育舞蹈中。例如，利用虚拟现实技术进行训练，舞者可以在模拟舞台上提前熟悉比赛环境，提高适应能力。通过数据分析，可以精确地评估舞者的动作质量，帮助他们找到提升的空间。此外，体育舞蹈的观赏性也将得到更大的提升。灯光、音乐、服装等舞台艺术将与舞蹈动作更加完美地融合，为观众带来视觉和听觉的双重享受。同时，社交媒体和在线直播的普及，使得世界各地的观众都能实时欣赏到高水平的舞蹈比赛，进一步扩大体育舞蹈的影响力。在教育方面，体育舞蹈的普及教育也得到了重视。许多学校和社区开设了体育舞蹈课程，让更多人有机会接触和学习体育舞蹈，使体育舞蹈的群众基础不断壮大。

如今，体育舞蹈，这个曾经局限于舞台表演的艺术形式，如今正在向更广泛的领域延伸，特别是在舞蹈理疗和舞蹈心理学等新兴领域。这些新领域将体育舞蹈视为一种强大的工具，用于促进人们的身心健康，帮助个体释放情感，增强自我认知，从而在更深层次上实现人与自我、人与社会的和谐。在竞技层面，体育舞蹈的发展趋势同样引人注目。随着科技的进步和专业化的深入，体育舞蹈的规则和评判标准更加科学、公正。例如，利用先进的运动分析技术，可以精确地评估舞者的动作技巧、节奏感和身体控制，确保比赛的公平性。同时，国际舞蹈组织也在不断修订和完善评判标准，以适应舞蹈艺术的发展和变化。此外，体育舞蹈对创新和个性化的重视也日益增强。舞者们被鼓励在掌握基本技巧和风格的基础上，大胆尝试，融入个人的创新元素，创造出独一无二的舞蹈作品。这种创新精神不仅丰富了体育舞蹈的表达形式，也激发了舞者们的创作热情和自我表达能力，使得每一场体育舞蹈比赛都能成为一场视觉盛宴。

二、体育舞蹈的分类与特点

（一）体育舞蹈的分类

体育舞蹈作为一种兼具艺术与体育的舞蹈形式，其独特魅力在于它能够通过舞者的身体语言与音乐节奏的完美结合，展现不同文化的风情和时代的精神风貌。体育舞蹈的分类丰富多样，它主要分为两个系列，即摩登舞系列和拉丁舞系列。

1. 摩登舞系列

摩登舞系列以其优雅、大气和内敛的情感表达而备受推崇。它包括华尔兹、探戈舞、狐步舞、快步舞和维也纳华尔兹等，这些舞蹈在动作上注重流畅性和连接性，注重舞伴之间的默契配合，舞姿优美，充满了浪漫和优雅的气息。

摩登舞如同一首无声的诗，舞者们在优雅与浪漫中翩翩起舞，每一个手势、眼神都充满了诗意。在这个过程中，体育舞蹈不仅是一种表演，还是一种自我表达和自我实现的途径。舞者们在舞蹈中寻找自我，通过每一次的起舞，用身体语言讲述自己的故事，在舞台上展现真实的自我。这种自我发现和自我认同，使得体育舞蹈成为一种生活态度，一种对美的独特理解和追求。无论你是专业的舞者，还是对舞蹈充满热爱的普通人，体育舞蹈都会为你提供一个展示自我、表达情感的舞台。在这个舞台上，每个人都可以是主角，用独特的舞步和音乐，讲述属于自己的独特故事，让生活因舞蹈而更加丰富多彩。当前，体育舞蹈以其独特的魅力和丰富的内涵，正在吸引着越来越多的人投身其中，共同体验这份身心的交融与释放。

2. 拉丁舞系列

拉丁舞系列以其热情、活泼、奔放的特点著称，包括桑巴舞、恰恰舞、伦巴舞、牛仔舞和斗牛舞等，这些舞蹈的动作通常更加开放、大胆，充满动感和节奏感。拉丁舞强调身体的力量和线条，舞者需要具备良好的身体协调性和爆发力。这种舞蹈风格的独特魅力在于它能够传达出一种积极向上的生活态度和强烈的情感表达，让观众在欣赏舞蹈动作的同时也能感受到舞蹈所传递的热情和活力。

拉丁舞系列的每一个舞种都有其独特的风格和表达方式。桑巴舞以其快速的步伐和摇摆的臀部展现出巴西的热带风情，让人仿佛置身于狂欢的嘉年华中。恰恰舞则是以轻快的节奏和巧妙的步伐变化，展现出一种俏皮而又充满活力的气氛。伦巴舞则更注重身体的柔韧性和情感的表达，每一个动作都充满了深情和浪漫。牛仔舞以其跳跃的步伐和自由奔放的风格，让人感受到浓厚的西部牛仔气息。而斗牛舞则以其强烈的节奏感和独特的臀部摆动，展现出加勒比海的风情，让人忍不住跟随音乐摇摆起来。

拉丁舞不仅是一种舞蹈，还是一种情感的释放和生活的热情。在舞蹈中，舞者们通过身体的每一个动作、每一个眼神，将内心的情感毫无保留地表达出来，让观众感受到舞者的快乐、热情、爱和自由。无论是舞者还是观众，都能在拉丁舞中找到属于自己的热情和活力，这就是拉丁舞的魅力。

无论是专业的舞蹈比赛，还是休闲的社交场合，拉丁舞都能成为人们关注的焦点。它让人们在快节奏的生活中找到释放压力的方式，让人们在舞蹈中找到自我，找到快乐。

总之，拉丁舞是能够点燃你内心热情，让你无法抗拒的舞蹈。

（二）体育舞蹈的特点

体育舞蹈将体育竞技性与舞蹈艺术性完美结合，展现出独特的魅力。体育舞蹈具有明显的竞技性，舞者们通过技巧与美感的展示来争夺高下；同时，体育舞蹈又具有艺术性，舞者们通过音乐与舞蹈的结合，传达情感与故事。体育舞蹈的特点还包括：多样性，不同舞蹈风格代表不同文化和地域特色；健身性，舞蹈动作有助于身体协调性和肌肉力量的提升；社交性，舞蹈既是个人技能的展现，也是增进交流与了解的社交活动。体育舞蹈的艺术性与健身性相结合，使得体育舞蹈成为一项全民喜爱的运动。

无论是热情奔放的桑巴舞，还是优雅婉约的华尔兹，体育舞蹈都能将观众带入一个色彩斑斓的世界中。在舞台上，舞者们如同艺术家一般，用身体语言描绘出一幅幅生动的画面，每一个转身、跳跃都充满了力量与美感的碰撞。他们以精准的节奏感和独特的舞蹈技巧，争夺着荣誉的桂冠。同时，体育舞蹈也是一场身心的锻炼。它能够全面地锻炼身体的协调性、灵活性，对于提高身体素质、塑造良好体态有着显著的效果。无论是年轻人还是老年人，都可以在体育舞蹈中找到适合自己的步伐，享受体育舞蹈带来的乐趣，实现身心的和谐发展。此外，在舞台上，舞者们不仅是在展示自我，也是在与他人交流、互动。通过舞蹈，人们可以跨越语言和文化的障碍，增进彼此的了解和友谊。体育舞蹈以其竞技性、艺术性、多样性、健身性和社交性，吸引了无数爱好者投身其中。它不仅是一种运动，还是一种生活态度，一种表达自我、享受生活的方式。无论你是想挑战自我，还是寻求身心的锻炼，或者是想在社交中寻找乐趣，体育舞蹈都能为你提供一个独特的舞台。

三、体育舞蹈的社会价值与文化意义

（一）体育舞蹈对身心健康的影响

体育舞蹈对身心健康的影响是多方面的。首先，体育舞蹈能够提高心血管系统的功能，增强舞者的体能和耐力。舞蹈中快速移动和变化多样的动作对锻炼心肺功能有积极的作用。其次，体育舞蹈有助于提升身体的灵活性和协调性，通过不断的运动，可以增强身体的力量和柔韧性。此外，舞蹈还能促进心理健康，帮助人们减轻压力和焦虑，保持良好的情绪状态。在舞蹈中，舞者还可以找到乐趣和成就感，增强自信心和自我价值感。因此，体育舞蹈被视为一种全面促进身心健康的有效方式。再次，体育舞蹈对于社交技巧的培养也起着重要作用。在体育舞蹈中，人们需要学会与同伴的默契配合，理解并尊重他人的节奏感和空间感，这有助于提高人际交往能力和团队合作能力。同时，舞蹈作为一种非言语的交流方式，能够帮助人们表达自我，增强自我表达和情感调节的能力。最后，体育舞蹈对于大脑的认知功能也有积极影响。舞蹈动作的记忆和执行需要大脑的多个区域协同工作，体育舞蹈可以提高记忆力、注意力和问题解决能力。研究发现，长期参加舞蹈活动的人在认知方面的表现往往优于他人。体育舞蹈作为一种富有挑战性和创造性的活动。每个旋转、跳跃都可能有新的挑战，需要持续地学习和练习，在这个过程中，人们可以保持活力和好奇心，这有利于促进个人的成长和发展。

体育舞蹈对个人的塑造具有深远影响，它不仅塑造健美的体魄，更塑造健康的精神世界。它如同一面镜子，让人们深入挖掘身体的潜能，发现并欣赏自己独特的身体美学。这种自我认知的过程，有助于培养出一种自我爱护和彼此尊重的意识，使人们更加珍视自己的身心健康。在舞蹈中，人们可以自由地表达情感，激发潜在的创造力和想象力。每一个动作，都可能成为创新的源泉，使人在日常生活中更加注重对美感和和谐的追求。正如著名舞蹈家玛莎·格雷厄姆所说："舞蹈是隐藏在内心深处的自我表达，是灵魂的自由流动。"在快节奏的现代生活中，体育舞蹈提供了一个独特的避风港。随着音乐的旋律，人们可以暂时抛开生活的压力，全身心投入舞蹈中，享受那种身心合一的宁静。这种放松和减压方式，对于预防和缓解现代社会常见的压力性疾病，如焦虑症、抑郁症等，具有积极的作用。

体育舞蹈具有包容性和多元性，每个人都可以在舞蹈中找到属于自己的节奏和表达方式。舞蹈成了一种跨越界限的语言，让人们在共享的舞蹈空间中建立联系，增进理解和尊重，从而增强社会的凝聚力，促进社会的和谐与进步。体育舞蹈不仅是一种健身方式，也是一种生活态度，有助于自我发现和自我提升。它教会人们欣赏自己的独特，激发人们的创造力，帮助人们找到应对压力的途径，同时也促进了人与人之间的连接和社会的和谐。因此，拥抱体育舞蹈，让它成为生活的一部分，可以为人们的身心健康和精神世界增添色彩。

（二）体育舞蹈在促进社会交流中的作用

体育舞蹈在促进社会交流中扮演着重要角色。它是一种具有社交性的舞蹈形式，通过舞蹈活动，人们可以结识新朋友，扩大社交圈。舞蹈中的互动和合作增加了人与人之间的沟通与理解，增进了社会联系。体育舞蹈比赛和表演为人们提供了展示才华和技能的平台，让不同背景和文化的人们聚集在一起，共享舞蹈的快乐。此外，体育舞蹈也是节日活动和社区聚会的重要组成部分，它加强了社会凝聚力和文化传承。因此，体育舞蹈不仅是一种艺术形式，也是连接社会、促进人们交流和理解的桥梁。

无论是华尔兹的优雅还是恰恰舞的活力，体育舞蹈都能跨越语言和文化的障碍，让人们在舞步中找到共同的语言。在舞蹈中，人们不仅要关注自己的节奏，还要与舞伴保持默契的配合，这种默契的建立和维持无疑提升了人们的团队协作能力和社交技巧。而且体育舞蹈对身体的协调性、灵活性和耐力也有着极高的要求，长期练习可以使人们在社交活动中更加自信和魅力四溢。

在国际体育舞蹈比赛中，来自世界各地的舞者们在舞台上竞技，展示各自的风格和特色，这不仅促进了文化的交流，也推动了舞蹈艺术的发展。而观众们通过欣赏不同风格的舞蹈，开阔了眼界，增强了对多元文化的尊重和接纳。

在社会层面，定期的舞蹈聚会或舞蹈课程成了人们休闲娱乐、增进社会关系的重要方式。无论是孩子、年轻人还是老年人，都能在体育舞蹈中找到乐趣，形成一种跨越年龄和身份的社会凝聚力。这种社会活动的开展，对于构建和谐社会、提升人们的幸福感具有积极意义。

（三）体育舞蹈的文化内涵与价值

体育舞蹈具有丰富的文化内涵与价值。它不仅是一种身体运动，也是一种文化的传承和表达。每一种舞蹈风格都承载着特定地区和历史背景的文化特色，反映了不同民族的生活方式、情感表达和社会价值观。体育舞蹈通过对这些舞蹈风格的学习和表演，帮助人们更好地理解和尊重不同的文化传统。同时，体育舞蹈也是一种创造性的艺术形式，舞者们通过创新和演绎，赋予舞蹈新的意义和活力。因此，体育舞蹈不仅促进了文化的发展，也提升了人们的文化素养和审美能力。

无论是优雅的华尔兹、热烈的恰恰舞，还是深情的探戈舞，每一种舞蹈都像是一部动态的历史画卷，让人们在舞动中感受到世界各地的风土人情。在华尔兹的旋转中，人们仿佛可以听到维也纳金色大厅中回荡的旋律，感受到欧洲贵族的优雅与浪漫；在恰恰舞的节奏中，人们仿佛置身于古巴的热带阳光下，体验拉丁民族的热情与活力；而探戈舞的激烈步伐，又让人领略到阿根廷的豪放与坚韧。

体育舞蹈的练习过程不仅限于技术的磨砺，也是个人品格塑造和社交技巧提升的过程。在每一个旋转、跳跃和步伐中，舞者们都需要精确地掌握每一个动作的细节，对身体的协调性和节奏感有着极高的要求。这种严谨的态度和对完美的追求，有助于培养人们的专注力和自律性，使他们在日常生活中也能展现出高效和有序。同时，体育舞蹈的精髓在于其互动性和合作性。在双人舞中，舞伴之间的默契配合，需要他们理解和尊重对方，以利于培养出强烈的团队精神。在集体舞中，每个舞者都是整体的一部分，他们需要学会在团队中发挥自己的作用，有利于提升交际能力和团队协作能力。这种在舞蹈中习得的社交技巧，对于个人在社会生存和发展中具有深远影响。此外，体育舞蹈也是一种身心锻炼的方式。随着音乐的节奏，舞者们在舞蹈中释放压力，通过不断的练习，可以提高身体的柔韧性和耐力，对身心健康有着积极的影响。研究显示，参与体育舞蹈的人往往具有更低的压力水平和更好的心理状态。对于舞者来说，体育舞蹈能够促进他们的身心发展，帮助他们在快乐中建立自信、塑造良好的艺术修养和独特的人格魅力。

体育舞蹈，以其独特的魅力，连接了历史与现代，融合了艺术与体育，成为一种跨越时空的文化表达。它丰富了人们的文化生活，让人们在欣赏美的同时也提升了个人素养。无论是对传统文化的传承，还是对身心健康的追求，体育舞蹈都值得我们去学习、去欣赏、去热爱。在舞蹈的律动中，我们可以感受生活的节奏，体验成长的喜悦，享受体育舞蹈带来的无尽魅力。

第二节 体育舞蹈的基础知识

一、体育舞蹈的基本术语与技巧

（一）基本术语

体育舞蹈的基本术语是舞者学习和交流时的共同语言，它包括了舞蹈动作的名称、步骤、位置和方向等。例如，基本术语中可能包括“步伐”（steps）、“旋转”（turns）、“跳跃”（jumps）、“倾斜”（lean）、“升降”（rise and fall）等，这些都是舞者在舞蹈中需要掌握的基本动作元素。了解和正确使用这些术语对于学习舞蹈、提高舞蹈技巧和进行国际交流都是非常重要的。通过掌握这些基本术语，舞者能够更准确地描述和理解舞蹈动作，从而提升舞蹈的表现力和技巧水平。

此外，体育舞蹈的基本术语还包括“节奏”（rhythm）、“节拍”（beat）、“步伐变化”（step variations）、“身体控制”（body control）和“舞伴配合”（partner work）等。节奏和节拍是指舞蹈动作与音乐的同步，理解并掌握它们能帮助舞者更好地跟随着音乐流动。步伐变化则丰富了舞蹈的多样性，使舞蹈更加生动有趣。身体控制是指舞者对自己身体的精细控制，以完成各种复杂的舞蹈动作，同时保持优雅的姿态。而舞伴配合则是体育舞蹈的一大特色，它需要舞者与同伴之间有良好的默契和沟通，共同完成流畅的双人舞步。

另外，还有一些特定的舞蹈术语，如“切分步”（chassé）、“滑步”（glide）、“弹跳步”（bounce step）、“锁步”（lock step）等，这些都是在特定舞蹈风格中常见的术语。每种舞蹈都有其独特的步伐和动作，掌握这些术语并理解其含义，能帮助舞者更深入地理解和学习各种舞蹈风格。

体育舞蹈的基本术语是舞蹈学习的基础，它像是一个工具箱，提供了描述、理解和学习舞蹈动作的工具。只有熟练掌握这些术语，才能在舞蹈的世界中自由地表达自我，展现出更加精彩的舞蹈技艺。

（二）基本技巧

体育舞蹈的基本技巧是构成舞蹈动作的基础，包括舞者对身体控制、步伐、平衡、节奏和空间感知等方面。例如，舞者需要通过练习来提高身体的灵活性和柔韧性，以便能够完成各种复杂的舞蹈动作。同时，舞者还需要通过脚下的步伐来表达节奏和情感，包括快步、慢步、锁步等多种步伐技巧。此外，舞者还需要掌握在舞蹈中保持平衡和稳定，尤其是在进行旋转、跳跃等动作时的技巧。通过不断练习这些基本技巧，舞者不仅能够提升舞蹈的表现力和美感，也能够更好地展现体育舞蹈的魅力。

体育舞蹈还强调舞伴之间的默契配合。这不仅要求舞者自身动作的精准，也需要对舞伴的动作有所感知和反应。例如，在跳交谊舞时，舞者需要通过微妙的身体接触和眼神交流，理解并跟随舞伴的节奏和动向，形成和谐的舞蹈旋律。这种配合不仅需要大量的练习，还需要舞者具备高度的专注力和敏感度。

空间感知，这一微妙而至关重要的能力，在体育舞蹈中不可或缺。在有限的舞台上，舞者需要精确地驾驭自己的步伐和动作，随着音乐的韵律和舞蹈的编排，如同在三维空间中绘制出流动的画卷。每一个转身、跃起，都必须精确到毫厘，以免与舞伴或周围的环境发生冲突，破坏精心构建的和谐美感。这就要求舞者具备超凡的洞察力，他们需要像鹰一样敏锐地感知周围的空间，使每一个动作都能如丝般流畅地融入舞蹈的节奏。这种空间感知能力的培养，需要舞者在无数次的练习中，不断调整、修正自己的动作，直到身体与空间达到一种无言的默契。舞蹈中的身体表达同样是对舞者技巧的深度考验。舞者是情感的传达者，他们需要通过身体语言，将舞蹈的情感内涵生动地展现出来。微笑的嘴角、飞扬的手指、挺拔的身姿，都是舞者传达情感的工具，他们用无声的语言，描绘出快乐的阳光、悲伤的阴霾、激情的火焰等丰富的情感世界。这种表达能力的培养，需要舞者深入理解音乐的韵律和舞蹈的艺术性。他们需要倾听音乐，感受每一个音符背后的情感波动，然后通过身体将这些内在的感动真实、生动地呈现出来。只有当舞者的心灵与音乐、与舞蹈完全融合，他们的身体才能成为传递情感的桥梁，让观众在欣赏舞蹈的同时也能产生情感共鸣。

（三）步法与步伐

步法与步伐在体育舞蹈中是表达舞蹈风格和技巧的关键。步法指的是舞者脚步移动的规律和模式，它们是舞蹈的基础，包括前进、后退、侧移等基本步法。步伐则是指舞者在舞蹈中脚步的具体形态，如快步、慢步、锁步、滑步等。正确的步法和步伐的运用能够使舞蹈更加流畅，富有节奏感，也能够更好地展现舞者的技巧和风格。舞者在学习和练习过程中，需要不断磨炼步法和步伐的准确性、流畅性和节奏感，以提高舞蹈的表现力和艺术感染力。

在体育舞蹈中，步法与步伐的巧妙结合就像是音乐的旋律与和弦，它们共同创造出舞蹈的韵律和情感。步法是舞蹈的骨架，支撑起整个舞蹈的结构，每一个步法的起始、移动和结束都需要精确到每一个细节。例如，前进的步法要求舞者先将重心转移到前脚，然后后脚跟随向前，身体保持直立且平稳；而后退和侧移的步法则需要舞者灵活地调整重心，保持身体的平衡。

步伐是舞蹈的灵魂，它赋予了步法生命和情感。如快步能够展现出舞蹈的活力和轻盈，舞者需要在短时间内完成脚步的移动，同时保持身体的协调；慢步能够表现出舞蹈的优雅和深沉，舞者需要在长音符下慢慢移动脚步，让每一个动作都充满力量；锁步和滑步能够增加舞蹈的节奏感和流畅性，通过脚步的快速切换和滑动，创造出独特的舞蹈效果。

在实践中，舞者需要不断地磨炼和探索，找到最适合自己的步法和步伐，让它们成为表达自我、传达情感的工具。同时，步法与步伐的运用也需要根据不同的舞蹈风格和音乐节奏进行调整，以达到最佳的舞蹈效果。只有步法与步伐完美融合时，舞蹈才能真正地流动起来，打动人心。

二、体育舞蹈的音乐节奏与旋律

（一）音乐节奏的识别与感知

音乐节奏的识别与感知对于体育舞蹈至关重要，它影响着舞者的动作表现和舞蹈节奏感。舞者需要通过听觉和身体感知来理解音乐的节拍、强弱、速度和旋律变化，从而在舞蹈中准确地找准音乐的节奏。这不仅要求舞者具备良好的音乐感，还需要舞者能够将音乐的节奏转化为身体动作的节奏。通过练习，舞者可以提高对音乐节奏的敏感度，使舞蹈动作与音乐节奏完美融合，以产生良好的舞蹈效果。

在充满魅力的体育舞蹈世界中，音乐节奏扮演着至关重要的角色，它如同一支无形的指挥棒，巧妙地指挥着舞者的每一个动作和姿态。以活力四射的恰恰舞为例，这种源自拉丁美洲的舞蹈以其快速的步伐和灵巧的身体转动而闻名。在强烈的打击乐声中，舞者必须敏锐地捕捉到节奏的重拍，如同猎豹追逐猎物般，每一个动作都要精准地与音乐同步，展现出节奏感和动感。相比之下，慢节奏的华尔兹则呈现出另一种独特的韵味。在悠扬的旋律中，舞者仿佛是被音乐牵引的精灵，他们的动作流畅而优雅，如同水波荡漾，每一个转身、起伏都在诉说着音乐的柔情和浪漫。这种对音乐节奏的感知，不仅影响着舞步的执行，也影响着舞者的舞蹈风格和情感表达。不同的音乐节奏，如同色彩斑斓的调色板，可以描绘出欢快、激昂、浪漫、忧郁等多种情绪，舞者需要通过身体语言将这些情绪生动地传达给观众，使他们在观看舞蹈的同时也能感受到音乐的内在情感。

为了能够更好地感知和表达音乐节奏，舞者们会进行一系列的训练和实践。他们会花费大量时间沉浸在音乐中，通过反复聆听、打拍，甚至通过即兴舞蹈来增强对音乐节奏的敏感度。这种训练不仅锻炼了他们的耳朵，也锻炼了他们的身体，使他们的肌肉逐渐适应各种节奏的变化，形成一种“音乐肌肉记忆”。在舞蹈中，他们不再需要刻意地寻找音乐节奏，而是让身体自然地跟随音乐流动，每一个步伐都与音乐融为一体，从而创造出一种和谐而动人的舞蹈艺术。

（二）音乐旋律与舞蹈动作的配合

音乐旋律与舞蹈动作的配合是体育舞蹈艺术表现的重要方面。音乐旋律能够激发舞者的情感，并引导舞蹈动作展现。舞者需要深入理解音乐旋律的起伏、情感和风格，以便在舞蹈中通过动作表达出其中的情感内涵。例如，欢快的旋律可能需要舞者表现出轻快、活泼的动作，而抒情的旋律则可能需要舞者展现优雅、柔美的舞蹈姿态。通过练习，舞者能够更好地感知音乐旋律的变化，并将其转化为舞蹈动作的节奏和姿态，使舞蹈与音乐相得益彰，共同营造出引人入胜的舞蹈表演。

在充满魅力的体育舞蹈世界中，舞者与音乐的和谐共鸣并非轻而易举就能达到的，这是一场需要时间、耐心和敏锐感知力的微妙对话。舞蹈，如同音乐的视觉表现，是舞者对音符和节奏的细腻诠释，是对旋律的生动演绎。每一个乐章中的小小音符，都是舞者脚下步伐的指引，每一个节奏，都如同指挥家的指挥棒，调控舞者的身体语言。

当音乐的节奏如同疾风骤雨般急促，舞者仿佛被无形的力量驱使，快速地旋转、跳跃，他们的动作如同波涛汹涌的海浪，生动地展现出音乐的活力与激情。相反，当音乐的节奏变得如潺潺溪流般缓慢，舞者则像优雅的天鹅，通过舒展的肢体线条和悠长的滑步，传达出音乐的庄重与深沉，仿佛在诉说着无声的故事。

音乐的旋律，如同情感的调色板，影响着舞者的每一个动作和姿态。在欢快的旋律中，舞者的眼神闪烁着喜悦的光芒，他们的身体如同被电流穿过，每一个动作都充满活力和韵律，仿佛在与音乐共舞。而在悲伤的旋律中，舞者的表情变得深沉，动作更加内敛，如同在寂静的夜晚中轻轻诉说，用舞蹈描绘出一幅幅情感丰富的画面。

这种音乐与舞蹈的交融，是舞者对艺术深度理解和不懈追求的结果。他们通过反复的练习，磨砺自己的音乐感知能力，将音乐的每一个细微变化都融入舞蹈的动作，使舞蹈成为音乐的视觉化表达。只有当音乐与舞蹈达到完美的和谐，才能创造出令人屏息的舞蹈艺术，让观众在欣赏舞蹈的同时感受到音乐的情感力量，仿佛被带入了一个充满魔力的世界。

（三）音乐在体育舞蹈中的重要性

音乐在体育舞蹈中的地位至关重要，它不仅是舞蹈的伴侣，还是舞者表达情感和技巧的重要工具。音乐为舞蹈提供了节奏、旋律和情感的引导，使舞蹈动作更具表现力和感染力。舞者需要深入理解和感悟音乐，将其与舞蹈动作完美结合，从而使舞蹈更加生动。同时，音乐还能够激发舞者的创造力和灵感，帮助他们创造出独特的舞蹈风格。因此，音乐在体育舞蹈中起着不可或缺的作用。

音乐与舞蹈的关系，如同诗与诗人的内心世界，是无法分割的。每一首曲子都有其独特的韵律和情感，舞者需要通过敏锐的听觉和深刻的理解，捕捉到一些无形的元素。音乐的节奏如同心跳，驱动着舞者的步伐和身体的转动；旋律如同情感的波澜，让舞者的动作充满起伏和变化。在快节奏的音乐中，舞者展现出活力四射、热情奔放的舞步；在慢节奏的旋律中，他们则能表达出温柔细腻、婉约含蓄的情感。音乐还能激发舞者的创新精神。不同的音乐风格会带给舞者不同的灵感，他们可以根据音乐的特性，创造和编排出新的舞蹈动作，形成自己独特的舞蹈语言。这种创新不仅丰富了舞蹈的表现形式，也为观众带来了全新的视觉和听觉享受。此外，音乐还是舞者与观众情感交流的重要媒介。当舞者在舞台上随着音乐起舞时，观众可以通过音乐感受到舞者的情感，同时，舞者也可以通过音乐的反馈，感知到观众的反应，从而建立起无形的共鸣。这种情感的交流和互动，使得体育舞蹈不只是一种身体技巧的展示，还是一种艺术的表达和人生的体验。

三、体育舞蹈的服饰与道具

（一）体育舞蹈服饰的选择与搭配

体育舞蹈服饰的选择与搭配对于舞者来说非常重要，它不仅能够增强舞蹈的美感，还能帮助舞者更好地展现舞蹈技巧。舞者应根据舞蹈的类型、风格和自己的身体特点来选择合适的服饰。例如，拉丁舞通常要求服饰较为贴身，以展现舞者的身体线条和动作的流畅性，而摩登舞则更注重服饰的优雅和精致，以体现舞者的气质和舞蹈的正式感。此外，服饰的颜色、材质和装饰也需要与舞者的肤色、发色和舞蹈氛围相协调，以创造出最佳的视觉效果。通过精心选择与搭配服饰，舞者能够在比赛中脱颖而出，给观众和评委留下深刻印象。

在体育舞蹈中，男士的服饰通常为合体的西装和长裤，颜色多为黑色、深蓝色或者深灰色，以体现他们的庄重和优雅。领结、领带或者蝴蝶结是必不可少的配饰，它们在细节中增添了一份精致和正式。而女士的服饰则更加多样化，她们可以根据舞蹈的风格选择长裙、短裙或者连衣裙等，颜色也更加丰富，从鲜艳的红色、橙色到柔和的粉色、紫色，都可以根据自己的肤色和舞蹈氛围来选择。

材质方面，舞者通常会选择柔软且有良好延展性的面料，如锦纶、氨纶或者丝绸，这样可以保证舞者在舞蹈中的动作自如，不会受到服饰的束缚。装饰方面，亮片、珠片、蕾丝等元素的运用可以增加服饰的视觉冲击力，使舞者在灯光下更加光彩夺目。同时，舞者还需要考虑服饰的舒适性。一场舞蹈比赛可能需要舞者在舞台上持续表演多首曲目，服饰必须轻便且透气，以避免舞者在舞蹈过程中因服饰不适而影响舞台效果。

（二）常见道具的使用与技巧

在体育舞蹈中，道具的使用可以增加舞蹈的观赏性和艺术性。常见道具包括扇子、纱巾、帽子等，它们在舞蹈表演中具有重要的作用。例如，在拉丁舞中，扇子的运用可以展现舞者的活力和性感；在摩登舞中，纱巾的挥舞则能够增添舞者的优雅和飘逸。舞者需要通过专业的训练掌握道具的使用技巧，包括拿取、展开、挥动和投放道具，以确保舞蹈动作的流畅和协调。同时，道具的使用还需要与舞蹈动作和音乐节奏紧密结合，以此来强化舞蹈的情感表达和视觉效果。通过巧妙地运用道具，舞者能够将舞蹈的表现力提升到一个新的高度。

道具的运用也需要考虑舞蹈的场景和氛围。在舞台表演中，大型道具如伞、灯笼等可以创造出丰富的空间感，使观众置身于舞蹈故事之中。在竞技舞蹈中，小巧的道具如手帕、彩带等则更考验舞者的灵活性和技巧性。此外，道具的颜色、形状和材质也需要精心挑选，配合舞蹈的主题和服装的色彩，以便创造出和谐统一的视觉效果。例如，金色的扇子在灯光下闪烁，可以增强舞蹈的华丽感；而柔软的纱巾在舞者的手中翻飞，能够营造出梦幻般的舞蹈氛围。

（三）服饰与道具在舞蹈表演中的作用

服饰与道具在体育舞蹈表演中发挥着重要作用，它们不仅是舞蹈视觉效果的重要组成部分，也是增强舞蹈的表现力和感染力的重要组成部分。正确的服饰与道具选择能够帮助舞者更好地展现舞蹈风格和技巧，同时也能凸显舞者的个性和特点。在表演中，服饰与道具的运用需要与舞蹈动作、音乐和情感紧密结合，以强化舞蹈的主题和氛围。例如，通过扇子的挥舞和纱巾的飘逸，舞者可以展现出不同的情感和意境，使舞蹈更加生动和有趣。因此，舞者在训练中需要注重服饰与道具的运用技巧，以确保在表演中能够充分利用它们来提升舞蹈的整体效果。

然而，值得注意的是，虽然服饰和道具能够增强舞蹈的表现力，但过度或不恰当的使用反而会分散观众的注意力，甚至影响舞者的动作完整性。因此，舞者和编舞者需要在设计和使用服饰与道具时，始终保持对舞蹈本身的尊重和专注，以确保它们能够真正服务于舞蹈，而不是成为舞蹈的累赘。

第三节　体育舞蹈的艺术审美

一、体育舞蹈的美学特征

（一）动态美

体育舞蹈作为一种艺术形式，其美学特征丰富多样，其中动态美是体育舞蹈的重要表现之一。动态美主要体现为舞蹈动作的流畅性、力量感与柔韧性的结合，以及舞者身体各部位的协调配合。在体育舞蹈中，舞者通过快速而精确的动作，展示出身体的灵活性和控制力，创造出一种充满活力和节奏感的动态效果。这种动态美不仅体现在舞者个体动作的完美执行上，还体现在舞伴之间默契的配合与流转的动作中。通过舞蹈，舞者能够将音乐的情感和节奏转化为可视化的动作语言，使观众能够直观地感受舞蹈艺术的生动与活力。

体育舞蹈的动态美还体现在其对空间的巧妙运用上。在舞蹈过程中，舞者通过各种步伐和转身，不断地变换自己的位置，形成了一幅流动的画卷。他们的动作或如急风骤雨，强烈而激昂；或如潺潺流水，轻盈而流畅。这种在二维空间中的立体运动，使舞蹈充满了视觉冲击力。此外，舞蹈中的速度变化也是动态美的一种体现。快速的动作能够带来紧张和兴奋的气氛，而缓慢的动作则能展现出优雅和深情。动作在快慢之间自由切换，如同音乐的旋律起伏跌宕，使舞蹈的节奏感更加鲜明，进一步增强舞蹈的动态美。

体育舞蹈，其动态美不仅在于规范的动作和优雅的姿态，还在于无尽的创新性和即兴性。每一个舞者，就像一位独特的艺术家，他们在精心编排的舞蹈框架内，挥洒个性，注入自我风格。这种个性化的表达方式，如同画家的笔触，为舞蹈增添了无尽的色彩和深度，使得每一次的舞蹈表演都如同一幅独一无二的画卷，无法复制，无法重现。

创新性在体育舞蹈中占据着至关重要的地位。舞者们在遵循基本的舞蹈步伐和技巧的同时，也会尝试融入新的元素，如独特的转体、新颖的步法或创新的手势，以此打破常规，创造出新颖的视觉效果。据相关机构统计，在国际体育舞蹈大赛中，有超过 30% 的舞蹈作品包含新的元素，这充分展示了体育舞蹈的创新精神和无限可能。

即兴性是体育舞蹈生命力的源泉。在音乐的引导下，舞者们会根据自己的情感波动和现场的氛围，及时调整舞蹈的节奏和力度，使舞蹈充满生动性和真实感。这种即兴的创作，使得每一次舞蹈都像是一次即兴的对话，舞者与音乐、与舞伴、与观众进行着无声的交流，创造出一种独特的情感共鸣。

体育舞蹈的动态美，还体现在舞者们的身体控制和舞伴间的默契配合上。每一个转身、跳跃、滑步，都需要舞者对身体的精准控制，而舞伴间的默契配合，则需要长时间的训练和磨合，才能达到心有灵犀的境界。这种身体的动态表现，将音乐的旋律、舞者的情感和舞蹈的空间完美融合，形成了一种富有生命力、感染力的艺术形式。无论是舞者的个人技巧，还是舞伴间的默契配合，抑或是舞蹈中的创新元素，无一不在展示着体育舞蹈的动态之美。这种美，如同璀璨的烟火，短暂而耀眼，让观众在欣赏中感受到舞蹈艺术的独特魅力，同时也被其深深吸引，沉浸在体育舞蹈的魅力世界中。

（二）形态美

形态美是体育舞蹈中另一个重要的美学特征，它关注的是舞蹈动作的外在形态和视觉效果。形态美主要体现在舞者身体的线条、舞姿的雕塑感以及舞蹈的视觉效果上。在体育舞蹈中，舞者通过精准的动作控制和优雅的姿态展示出身体的美感和舞蹈的形态美。形态美不仅要求舞者具有良好的身体条件，如修长的线条、完美的身材比例，还要求舞者能够通过舞蹈动作展现身体的柔韧性和力量感。同时，形态美也在于舞者之间相互配合，形成和谐统一的舞蹈构图，给观众带来视觉上的享受。通过形态美的展现，体育舞蹈能够传递出艺术的力量和美感，给人们留下深刻的印象。此外，舞蹈的节奏感和动态变化也是形态美不可或缺的。舞者需要随着音乐的节奏，精准地控制每一个动作的起始、持续和结束，使舞蹈在静态美中蕴含动态的力量。这种动态的形态美，展现着生命的活力和韵律，使观众能感受到舞者在舞蹈中的情感。

色彩，作为一种非言语的表达方式，是塑造体育舞蹈艺术魅力的关键元素。在璀璨的舞台上，舞者们身着华丽的舞衣，装饰繁复，这种色彩斑斓的视觉效果能够瞬间吸引观众的视线。而舞台灯光的巧妙运用，为舞蹈增添了丰富的色彩层次，增强了舞蹈的视觉冲击力，使每一个动作都犹如星辰闪烁，引人入胜。

色彩的魔力不仅在于其表面的绚丽，还在于它能创造出独特的舞蹈氛围。柔和的粉色和蓝色可以营造出梦幻般的童话世界，让观众置身于星辰大海的浪漫之中；热烈的红色和金色能点燃激情，展现出火焰般的热烈与活力；深沉的紫色和黑色具有神秘感，引领观众进入未知的探索之旅。这些色彩的巧妙搭配和光影效果，使舞蹈的情感和意境得以生动展现，使观众在欣赏舞蹈形态美的同时也能深深感受到舞蹈所要传达的情感。

形态美还体现在舞蹈的创新性和独特性上。每个舞者都是独一无二的，他们通过独特的身体语言，塑造出个性化的舞蹈风格。有的舞者如同优雅的天鹅，轻盈的舞步中流露出无尽的柔情；有的舞者则像矫健的猎豹，每一个动作都充满力量与速度的美感。他们以具有自我风格的形态美，向世界展示着他们的独特魅力。同时，舞蹈的不断创新和发展，是其形态美保持活力的重要源泉。随着时代的变迁，新的舞蹈元素、技巧和理念不断融入，为舞蹈带来新的形态美感。无论是现代舞的自由灵动，还是拉丁舞的热情奔放，都为体育舞蹈注入了新的生命力，使其始终保持新鲜感和艺术魅力，吸引着一代又一代的舞者和观众。

（三）和谐美

音乐与舞蹈的和谐美是体育舞蹈艺术审美的核心之一。在体育舞蹈中，音乐与舞蹈动作的紧密结合，形成了一种相互增强、相互补充的关系。音乐为舞蹈提供了节奏、旋律和情感氛围，而舞蹈则通过动作将音乐的情感和节奏具象化。舞者在舞蹈过程中，需要深刻理解音乐的精髓，将其融入舞蹈动作之中，使舞蹈动作与音乐旋律相得益彰。这种和谐美不仅体现在舞蹈动作的流畅性和音乐节奏的同步性上，还体现在舞者情感表达与音乐情感的契合程度上。当舞者能够准确把握音乐的内涵，将其与舞蹈动作完美结合时，就能呈现出一种极具艺术感染力的和谐美，给观众带来愉悦的观赏体验。

体育舞蹈中，舞者与音乐的互动仿佛是一场无声的对话。每一个转身、跳跃，都是对音乐旋律的回应，对节奏韵律的诠释。音乐如无形的指挥家，引导着舞者的每一个步伐、每一个手势。舞者则像是一只灵动的精灵，通过身体语言将音乐的意境生动展现，使抽象的音符在空中具象化为曼妙的舞姿。

这种和谐美，需要舞者具备敏锐的音乐感知力和卓越的身体控制力。他们要在瞬间捕捉到音乐的起伏变化，将之转化为身体的动态表达。有时，可能是一个轻盈的滑步，跟随音乐的轻柔旋律；有时，可能是一个有力的跃起，呼应音乐的激昂节奏。每一个动作，都是舞者与音乐的深度对话，是他们对艺术理解的直观展现。同时，舞者的情感投入也是这种和谐美的重要组成部分。他们需要将自己的情感融入舞蹈之中，让观众不仅能感受到音乐的节奏，还能感受到舞者的情感世界。当舞者的情感与音乐的情感达到共鸣，舞蹈就不再是动作的展示，而是一种情感的传递，一种心灵的交流。体育舞蹈的艺术魅力，就在于这种音乐与舞蹈、动作与情感的完美融合。它让人们在欣赏舞蹈外在美的同时也能感受舞蹈内在的情感深度，体验到一种超越言语的和谐美，这是一种只有在舞蹈中才有的独特艺术享受。

二、体育舞蹈的动作技术与艺术表现

(一)动作技术的规范与要求

体育舞蹈的动作技术规范与要求是确保舞蹈表演质量的基础。这些规范要求舞蹈动作的准确性、流畅性、力度控制、节奏感、身体姿势和舞伴之间的协调。每个舞蹈类别都有其特定的技术要求，例如，摩登舞强调正确的基本姿势、优雅的线条和精确的动作执行，而拉丁舞则更注重身体的弹性、手势的表达和节奏的鲜明。舞者在训练中必须遵循这些技术规范，通过不断的练习来提高动作的质量，使舞蹈更加完美。同时，动作技术的规范也有助于舞者在比赛中获得公正的评判，因为评委通常会根据这些标准来评分。所以，对动作技术规范的熟练掌握也是提高体育舞蹈艺术表现力的关键。

在体育舞蹈中，舞蹈动作的准确性是首要的。每一个转身、跳跃、滑步都应精确无误，这需要舞者对舞蹈动作有深入的理解和精确的执行。例如华尔兹，每一个步伐的起落、身体的摆动都需要在正确的时间点完成，否则整个舞蹈的节奏和美感都会受到影响。再如恰恰舞，每一个脚步的切换、手臂的摆动都需要与音乐的节奏完美契合，这样才能展现出舞蹈的活力和热情。

流畅性是舞蹈动作的另一要素。舞者在执行动作时，不仅要注意动作的起始和结束，也要注重动作之间的过渡，使舞蹈看起来流畅自然，避免出现生硬的断裂感。这需要舞者在练习时，不断寻找动作之间的连贯性，通过身体的柔韧性和对力量的控制，使舞蹈动作如行云流水般顺畅。

力度的控制是展现舞蹈力度和美感的重要手段。在摩登舞中，舞者需要通过腿部和核心肌群的力量，展现舞蹈的力度和稳定性；在拉丁舞中，舞者则需要通过身体的摆动和手势的力度，展现舞蹈的活力和热情。同时，舞者还需要根据音乐的节奏变化，灵活调整动作的力度，使舞蹈更具表现力。此外，舞伴之间的协调也是体育舞蹈的重要技术要求。在双人舞中，舞伴之间需要通过眼神的交流、身体的接触及步伐的同步，展现默契的配合，使舞蹈更加和谐美好。

(二)艺术表现力的培养与发挥

艺术表现力的培养与发挥是体育舞蹈艺术审美的重要方面。艺术表现力是指舞者在舞蹈中展现舞蹈情感、故事内容和个性的能力。它不仅要求舞者具有高超的动作技术，还要求舞者能够将舞蹈动作、音乐、服饰和道具等多种元素融合在一起，通过舞蹈表达出一种独特的艺术氛围和情感内涵。艺术表现力的培养需要舞者深入理解舞蹈的内涵，培养自己的情感表达能力，并通过不断的练习和积累舞台经验来提高。在舞蹈表演中，舞者需要将自己的情感与舞蹈动作紧密结合，使舞蹈充满生命力和感染力，给观众留下深刻的印象。因此，艺术表现力的培养与发挥是提升体育舞蹈艺术审美的重要途径。

体育舞蹈的艺术表现力，更是舞者内心世界的一种外在展现。每一个旋转、跳跃、步伐都是舞者内心情感的流露，是他们对舞蹈的独特诠释。舞者需要深入每一个舞蹈作品的灵魂中，理解其背后的故事、情感和文化背景，然后用自己的身体语言将这些元素生动地呈现出来。这需要舞者具备敏锐的感知力、丰富的想象力和深厚的舞蹈功底。同时，艺术表现力的发挥也需要舞者具备良好的舞台掌控力。他们需要了解何时应该强烈地表达，何时应该微妙地暗示，何时应该热烈地挥洒，何时应该静静地沉淀。这种舞台掌控力的培养，既可以通过参加各种演出、比赛来提升，也可以通过观看其他艺术家的表演来学习。此外，创新精神也是艺术表现力的重要组成部分。舞者不应该仅仅满足于模仿和复制，而应该敢于尝试新的表达方式，敢于挑战既有的舞蹈语言，创造出属于自己的独特舞蹈风格。这种创新精神不仅可以使舞蹈艺术保持活力，也可以帮助舞者在艺术道路上不断进步，实现自我超越。艺术表现力的培养与发挥是一个全方位、多层次的过程，它需要舞者在技术、情感、创新等多个方面进行持续的努力和探索。只有这样，才能在体育舞蹈的舞台上展现更加丰富、深邃的艺术魅力。

（三）舞蹈情感的传递与表达

舞蹈情感的传递与表达是体育舞蹈艺术表现的关键，它要求舞者将舞蹈的情感内涵通过动作和表情传达给观众。在舞蹈表演中，舞者需要深入理解舞蹈的情感主题，将自己的情感与舞蹈角色相融合，使舞蹈动作充满情感色彩。通过舞者的面部表情、身体语言和舞姿的抑扬顿挫，观众能够感受到舞蹈所要传达的情感，从而产生共鸣。舞蹈情感的传递与表达不仅需要舞者具备良好的感知能力，还需要舞者具备较强的表现力和感染力。只有舞者跳出触动人心的情感时，舞蹈才真正具有艺术生命力，才会给观众带来强烈的情感体验。因此，舞蹈情感的传递与表达是体育舞蹈艺术审美的灵魂所在。

在充满魅力的体育舞蹈世界里，每一个动作都是一次情感的释放，一次心灵的对话。舞蹈，如同无声的诗篇，讲述着深沉或热烈的情感故事。舞者在舞台上，如同画家在画布上挥洒色彩，用每一个转身、跳跃、滑步描绘出情感的波澜壮阔。在轻柔的旋律中，他们的舞步如同微风拂过湖面，展现出温柔与缠绵；在激昂的节奏中，他们的身体如同烈火燃烧，释放出热情与奔放。这不仅是身体与音乐的和谐共舞，也是内心世界与外在表现的完美融合。

这种情感的表达，需要舞者拥有深厚的艺术底蕴和敏锐的情感触觉。他们需要像诗人一样，能够捕捉到生活中的微妙情感，并将之转化为舞蹈的语言。同时，他们还需要像雕塑家一样，具备精确的自我控制力，确保每一个动作都能恰到好处地承载情感，既不能过于夸张而破坏舞蹈的和谐，也不能过于内敛而让情感变得模糊。这种微妙的平衡，是舞者在无数次的训练和舞台上一次次的尝试与调整中，逐渐磨砺出来的。此外，舞伴之间的默契配合也是舞蹈情感表达的关键。他们需要通过肢体的接触，传递出无声的默契；通过眼神的交流，共享情感的深度；甚至通过呼吸的同步，创造出一种超越言语的共鸣。这种情感的互动，使得舞蹈不仅是个人的独白，也是一种共享的体验，让观众能够跨越时间和空间，置身于舞蹈的情境之中，感受舞者情感的涌动，共享他们的喜怒哀乐。体育舞蹈，就是这样一种情感的艺术，它以身体为笔，以音乐为墨，描绘出一幅生动的情感画卷。每一个舞者，都是这幅画卷中的主角，他们用舞蹈讲述故事，用情感连接舞台与观众，创造出一次次令人难忘的舞蹈瞬间。

三、体育舞蹈审美评价与标准

（一）舞蹈动作的准确性

舞蹈动作的准确性是体育舞蹈审美评价与标准的重要方面。它指的是舞者在表演过程中动作的精确度和一致性，包括动作的起始位置、过程中的轨迹和结束时的姿态。准确性不仅体现在动作本身的执行上，还体现在舞者对节奏、速度和力度的控制上。在体育舞蹈中，每个动作都有其特定的要求和技术细节，舞者需要通过反复训练来达到这些精确的要求。舞蹈动作的准确性对于评判舞者的技术水平、展现舞蹈风格和提升舞蹈美感都至关重要。通过对动作准确性的追求，舞者能够展现出舞蹈的规范性和专业性，给观众带来高质量的观赏体验。因此，舞蹈动作的准确性是体育舞蹈审美评价标准中至关重要的要素。

在舞台上，每一个转身、跳跃、滑步都需要精准无误地呈现。舞者的手指如何优雅地展开，脚尖如何轻盈地触地，身体如何流畅地转动，这些都需要在无数次的练习中不断打磨，以达到与音乐节奏、旋律的完美契合。任何一丝一毫的偏差，都可能破坏整个舞蹈的和谐与美感。例如在华尔兹中，舞者的步伐必须严格按照三拍子的节奏进行，每一次前进、旋转都应精确到毫秒，身体的重心转移要平稳而流畅。在探戈舞中，每一个切分音的瞬间，舞者都应完成特定的动作，展现出那种强烈的决绝与激情。这些都需要舞者对动作的准确性有极高的要求和把控能力。同时，舞蹈动作的准确性也是展现舞蹈风格的关键。不同的舞蹈类型有着各自独特的动作语言和表现手法，如拉丁舞的热情奔放，芭蕾舞的优雅高贵，现代舞的自由创新等。只有准确地执行每一个动作，才能真正传达出舞蹈的内在精神和情感，让观众能够深入理解和欣赏舞蹈的魅力。因此，无论是对舞者自身的技术提升，还是对观众的观赏体验，舞蹈动作的准确性都起着决定性的作用。舞蹈动作的准确性是舞蹈艺术的生命线，是体育舞蹈审美评价与标准中不可或缺的一部分。

（二）舞蹈表演的艺术感染力

舞蹈表演的艺术感染力也是体育舞蹈审美评价与标准的一个重要方面。艺术感染力是指舞者通过舞蹈表演感染观众，使之产生情感共鸣的能力。这要求舞者不仅要有扎实的动作技术基础，还要能够深入理解舞蹈的内涵和情感，并通过自己的表演将这些情感传达给观众。艺术感染力的体现包括舞者的表情、身体语言、情感的投入和与观众的互动等方面。当舞者的表演能够触动人心，引起观众的情感共鸣时，我们就说其具有很强的艺术感染力。舞蹈表演的艺术感染力是评价一个舞蹈表演是否成功的重要标准，也是舞蹈艺术魅力的重要体现。因此，舞者在训练过程中，不仅要重视动作技术的提升，还要注重培养和提升自己的艺术感染力。

在舞蹈的世界里，技术与艺术感染力是相辅相成的。技术是基础，是舞者得以自由表达的工具，它包括了动作的准确度、力度的控制、身体的柔韧度和协调性等。这些都需要舞者通过长时间的训练和实践来磨炼和提升。然而，仅有技术是不够的，舞蹈并不仅是动作的堆砌，还是一种情感的传达和心灵的交流。

艺术感染力像是一种内在的光芒，它源自舞者对舞蹈的深刻理解和对生活的独特感悟。舞者需要将自己融入舞蹈中，感受每一个动作、每一个节奏背后所蕴含的情感，然后用自己的身体和表情将这种情感真实、生动地展现出来。这不仅需要舞者有敏锐的内心世界，有丰富的生活体验，有深厚的人文素养，更要有真诚的情感和开放的心态。此外，与观众的互动也是艺术感染力的重要组成部分。优秀的舞者能够引导观众的情绪，使其随着舞蹈的起伏和舞者的步伐而变化。这种互动不仅是目光的交流，还是情感的碰撞，它让观众不再只是旁观者，而是舞蹈世界的一部分。因此，舞蹈训练应该注重技术与艺术感染力的平衡发展。在提升动作技巧的同时，注重培养舞者的艺术感染力和表达力，让他们能够在舞台上展现出既有技术美感，又充满艺术感染力的舞蹈表演。只有这样，舞蹈才能真正成为触动人心的艺术，才能在人们心中留下深刻而美好的印记。

（三）舞者在舞台上的表现与风度

舞者在舞台上的表现与风度同样是体育舞蹈审美评价与标准的一个重要方面。这包括了舞者的舞台气质、形象、表情、身体语言和与观众的互动等方面。在舞蹈表演中，舞者需要展现出自信、从容和专业的舞台风度，让观众感受到他们的魅力和吸引力。同时，舞者还需要通过表情和身体语言将舞蹈的情感和故事内容表达出来，与观众建立情感联系。舞者在舞台上的表现与风度不仅能够提升舞蹈的整体美感，还能够给观众留下深刻的印象。

因此，舞者在舞台上的表现与风度是体育舞蹈审美评价与标准中的重要要素，也是舞者艺术修养和表演水平的重要体现。

舞者的舞台气质是其内在精神状态的外在体现，是他们在舞台上一举一动、一颦一笑中流露出的气质和风度。这种气质需要舞者在日常训练中不断磨炼和提升，可以通过塑造良好的体态、优雅的举止和独特的个人风格来展现。同时，舞者的形象也是不可忽视的一部分，他们的服装、妆容和发型等都需要与舞蹈风格和主题相一致，以增强舞蹈的视觉效果。

表情和身体语言是舞者与观众沟通的重要工具。他们需要通过眼神、面部表情和身体动作来传达舞蹈的情感内涵，使观众能够理解和感受舞蹈的故事和主题。例如，通过柔和的眼神和微笑可以表达温暖和爱意，通过紧绷的肌肉和激烈的动作可以展现冲突和挣扎。这种非言语的交流方式能够跨越语言和文化的障碍，使舞蹈成为一种全球共享的艺术形式。此外，舞者与观众的互动也是评价其舞台风度的重要标准。他们要把握舞台的节奏和气氛，适时地与观众进行眼神交流、点头微笑或者引导观众的情绪反应。这种互动不仅能够提升观众的参与感和满意度，也能够反映舞者的舞台掌控能力和应变能力。舞者在舞台上的表现与风度是他们艺术才华的综合体现，是他们在舞蹈世界中独特存在和价值的证明。因此，无论是舞者自身，还是舞蹈教师和评委，都应该重视并努力提升舞台表现力与风度。

第二章 体育舞蹈教学研究

体育舞蹈作为一门兼具艺术性与体育性的课程，其教学策略应注重理论与实践相结合，通过分阶段、多层次的教学方法，使学生掌握体育舞蹈的基本技巧与审美原则。同时，强化音乐与舞蹈的融合，培养学生的节奏感和表现力，鼓励学生在模仿与创新中不断提高自我能力。此外，组织多样化的教学活动，如比赛、表演等，激发学生的学习兴趣和团队协作精神，从而全面提高体育舞蹈的教学质量和学生的综合能力。

第一节 体育舞蹈教学与策略

一、体育舞蹈教学

（一）体育舞蹈的教学目标

体育舞蹈的教学目标旨在培养学生对体育舞蹈的兴趣和爱好，增强学生的身体素质和艺术修养，提高学生的团队协作能力和社交能力，提高学生的舞蹈技能和表演水平，提高学生的创新能力和审美能力。通过体育舞蹈教学，学生能够掌握体育舞蹈的基本知识和技能，正确、熟练地完成体育舞蹈动作，具有良好的身体姿态和优美的舞姿，并具备一定的体育舞蹈表演和比赛能力，在身心愉悦的氛围中得到全面发展。

在体育舞蹈的教学过程中，首先，教师会介绍各种舞蹈的起源、特点和风格，让学生对体育舞蹈有全面的认识。然后，教师会逐步教授各种舞蹈的基础步法和动作，通过反复的练习，使学生能够熟练地掌握舞蹈的节奏和韵律。同时，教师还会强调舞蹈中的身体协调性和力量控制，以塑造学生良好的姿态和优雅的舞步。

在当今的教育体系中，教师们越来越重视培养学生的综合能力，其中团队合作和创新思维是重要组成部分。在教学实践中，教师们常常会设计各种活动，如双人舞、集体舞等，以培养学生的合作精神和团队协作能力。这些舞蹈形式要求学生们相互配合，共同创造和谐的舞蹈节奏和动态。这样有利于学生在实践中学习与他人有效合作，调动团队的力量。

在舞蹈的编排过程中，教师们会积极引导学生发挥创新思维。他们鼓励学生们跳出传统的舞蹈框架，尝试设计新颖独特的舞蹈动作和表演形式。例如，学生可能会受到自然景观、生活情境或者文化元素的启发，创造出富有个性和创新性的舞蹈语言。这种创新性的实践不仅锻炼了学生的想象力和创造力，也使他们在面对挑战时敢于尝试，敢于与众不同。

为了进一步提升学生的舞蹈技能和表演水平，学校应定期举办各种舞蹈活动和比赛。这些活动，使学生们有机会在真实的舞台上展示自我，接受观众和评委的评价，这无疑是对他们自信心和竞争力的极大锻炼。同时，这些活动也充满了乐趣，无论是排练时的愉悦感，还是演出后的满足感，都能让学生们深深感受到舞蹈的魅力，从而更加热爱体育舞蹈。

体育舞蹈教学的深远意义并不仅在于传授舞蹈技巧，它也是一种全面素质的培养方式，旨在通过舞蹈这一载体，让学生在提升身体素质和艺术修养的同时也能拥有良好的团队精神、创新思维和社交能力。这种教育理念的实施，有助于学生在学习过程中实现自我价值，更好地适应社会，成为具有全面能力的未来人才。

（二）体育舞蹈的教学内容

体育舞蹈的教学内容主要包括舞蹈基本动作、舞蹈组合、舞蹈成套动作、舞蹈编排和舞蹈表演。其中，舞蹈基本动作和舞蹈组合训练旨在帮助学生掌握体育舞蹈的基础动作和舞步，提高学生的舞蹈技能和身体协调性；舞蹈成套动作训练则帮助学生将基本动作和组合运用到整套舞蹈中，形成流畅的舞蹈表现；舞蹈编排训练则培养学生的创新能力和审美意识，使学生能够独立完成舞蹈编排；舞蹈表演训练则提高学生的舞台表现力和表演技巧，培养学生的表演自信心。此外，体育舞蹈教学还应包括培养学生的舞蹈理论知识、团队协作能力和竞技体育精神。

在体育舞蹈的教学过程中，教师会详细讲解每一个基本动作，如恰恰舞的步法、华尔兹的旋转等，确保学生能够准确、规范地执行。同时，教师还会通过反复的练习和纠正，帮助学生形成肌肉记忆，提高舞蹈动作的流畅性和自然性，使舞蹈与音乐节奏完美融合，提升学生的身体协调性。

在学生掌握了基本动作后，教师会开始教授舞蹈组合，将不同的基础动作串联起来，形成一段完整的舞蹈动作。这个阶段，学生不仅需要关注自己的舞步，还要学会与舞伴配合，培养默契和团队协作能力。进入舞蹈成套动作训练后，学生需要将之前学到的舞蹈组合融入完整的舞蹈，考虑动作的过渡、空间的利用及舞蹈的情感表达，全面提高舞蹈的连贯性和艺术性。这个过程也是对学生创新思维和审美观的锻炼。进入舞蹈编排阶段，学生将学习如何根据音乐的旋律、节奏和氛围，设计舞蹈动作和顺序，创作出独特的舞蹈作品。教师会引导学生理解舞蹈的结构和元素，培养他们的创新精神和独立思考能力。最后，舞蹈表演训练会通过模拟真实的舞台环境，让学生在实践中提高舞台存在感和表演技巧，如面部表情、身体语言的运用等。同时，教师还会引导学生应对比赛的压力，培养他们的竞技体育精神和良好的比赛心态。

（三）体育舞蹈的教学方法

体育舞蹈的教学方法应当结合舞蹈艺术的特性，采用多样化的教学手段来激发学生的学习兴趣和潜能。这包括但不限于示范法、模仿法、纠错法、分组练习法、对抗赛法、音乐引导法和心理调节法等。示范法通过教师或优秀学生的表演来展示动作；模仿法要求学生跟随示范进行动作学习；纠错法则是在学生练习时纠正动作中的错误；分组练习法鼓励学生相互学习与合作；对抗赛法通过比赛形式提高学生的学习积极性；音乐引导法利用音乐节奏来辅助学生掌握舞蹈节奏；心理调节法则是帮助学生建立自信，克服舞台恐惧。这些方法应根据学生的年龄、技能水平、个性特点灵活运用，以达到最佳的教学效果。此外，情境教学法也是一种有效的教学手段，教师可以设定不同的场景，让学生在模拟实际舞蹈环境中学习和表演，这样既能提高他们的实践能力，也能增强他们的创新思维。游戏化教学法也能吸引学生的注意力，通过设计与舞蹈相关的游戏，让学生在游戏中学习舞蹈知识，提高他们的学习积极性和参与度。另外，教师还可以采用反转课堂的教学模式，让学生在课前预习舞蹈动作，课堂上再进行实践和讨论，这样既可以提高课堂效率，又能培养学生的自主学习能力。同时，结合现代科技，如虚拟现实技术，让学生更直观、更真实地感受舞蹈，提高他们的学习体验。

在教学过程中，教师应注重培养学生的艺术感知力，通过引导他们理解和表达舞蹈的情感内涵，提高他们舞蹈的艺术表现力。同时，定期的反馈和评价也是必不可少的，教师应给予学生建设性的反馈，帮助他们认识自己的优点和不足，明确改进的方向。此外，教师可以采用多元化的教学方法，如结合音乐、绘画等艺术形式，激发学生的创新思维，让他们从不同的角度理解和感受舞蹈。例如，将舞蹈动作与音乐节奏相结合，让学生在音乐中理解舞蹈的韵律感；或者让学生尝试为一幅画作创作舞蹈，以此培养他们的艺术想象力和表现力。另外，教师还应鼓励学生参与各种舞蹈活动，如校园舞蹈比赛、舞蹈工作坊等，这不仅可以丰富他们的舞台经验，也有助于他们树立自信心、提高团队协作能力。同时，通过观看专业舞蹈演出，学生可以直观地了解到舞蹈的多样性，开阔艺术视野。在反馈和评价方面，教师应注重过程性评价，关注学生在学习过程中的进步和改变，而不是只看最终的表演效果。及时的反馈可以让学生了解自己在技术、情感表达等方面的问题，明确需要加强或改进的动作。同时，教师应以鼓励为主，尊重每个学生的独特性，让他们在积极的学习氛围中享受舞蹈，提高艺术素养。

（四）体育舞蹈的教学类型

1. 普及教学

普及教学是体育舞蹈教学中的一种重要类型，主要面向广大爱好者，旨在推广和传播体育舞蹈知识与技能。在普及教学中，重点关注学生的基本动作和舞步的训练，注重培养学生的兴趣爱好，提高他们的身体素质和舞蹈素养。教学内容主要包括体育舞蹈的基本动作、步伐、音乐节奏、舞蹈礼仪等，适用于各个年龄段的学生。普及教学注重教学方法的灵活多样性，如示范、模仿、分组练习等，以激发学生的学习热情和积极性。同时，普及教学还注重学生的心理健康，培养团队合作精神，使学生在轻松愉快的氛围中学习和进步。

体育舞蹈，是一种融合了运动与艺术的特殊舞蹈形式，其普及教学在全球范围内广受欢迎。教学的起点通常是基本的舞步和姿势，如华尔兹中优雅的三步走，或是恰恰舞中活泼的切分节奏。这些基础元素如同建筑的砖石，需要学生通过反复的练习，逐渐建立起对舞蹈动作的敏锐感和肌肉记忆。在这个过程中，舞蹈不再只是机械的动作模仿，而是一种身心的交融，一种对音乐节奏和韵律的直观理解和表达。

为了使舞蹈动作与音乐更加和谐，教师会引导学生深入理解并感受音乐的内在节奏和韵律。教师可能会播放不同风格的音乐，让学生在多样化的音乐环境中寻找舞蹈的灵感，从而培养他们的音乐素养和艺术鉴赏力。在教学过程中，舞蹈礼仪的教育同样不可或缺。这包括对舞伴的尊重，如保持适当的身体距离及对舞蹈场合规则的理解（如正确的入场、退场方式等）。这些礼仪规范不仅让学生在舞蹈中展现出良好的修养，还在无形中提升了他们的社交技巧和文化素养。对于青少年来说，团队合作的训练也是教学的重点。通过双人舞、团体舞等形式，他们可以学习如何与他人协调配合，如何在团队中找到自己的位置，从而提高团队协作能力、增强集体荣誉感。这种团队精神的培养，对他们未来的生活和职业生涯都将产生深远影响。为了适应不同年龄段和不同能力的学生，普及教学通常采用分级教学的方式。从简单的基础舞步开始，逐步引入更复杂的动作组合，确保每个学生都能在适合自己的水平上稳步前进。同时，定期的舞蹈展示或比赛为学生提供了实践和展示自我的平台，他们可以在实践中检验学习成果，增强自信心，体会舞蹈带来的乐趣和成就感。

2. 竞技教学

竞技教学是体育舞蹈教学中的另一种类型，它侧重于提高学生的体育舞蹈技能和竞技水平，以参加比赛和展示为目的。在竞技教学中，除了基本动作和舞步的训练外，还重点培养学生的竞技能力，包括技巧、速度、耐力、柔韧性和表现力等。教学内容更加专业和深入，其中涉及舞伴间的默契配合、舞蹈风格的创新、音乐的理解和运用等。竞技教学通常采用系统的训练方法，如分组对抗、模拟比赛、专业评判等，以提高学生的竞技水平和应对比赛的能力。此外，竞技教学还强调对心理素质的培养，帮助学生学会如何在压力下保持冷静和专注，建立自信。

在竞技教学过程中，教师会根据每个学生的身体条件、技术基础和个性特点制订个性化的训练计划。例如，对于技术基础较弱的学生，可能会加强基础动作的练习，以巩固其舞蹈根基；对于身体柔韧性较好的学生，可能会设计更多高难度的转体和跳跃动作，以发挥其优势。同时，教师还会关注学生的舞蹈感觉和艺术修养，通过分析不同舞蹈风格的特点，引导学生深入理解舞蹈的内涵，从而在舞台上更好地表达舞蹈的故事和情感。

在模拟比赛环节，教师会模拟真实的比赛环境，包括比赛的流程、灯光、音乐等，让学生提前适应比赛的氛围，减少在实际比赛中的紧张和不适应。同时，专业的评委会对学生的表演进行评价和指导，指出他们的优点和需要改进的地方，帮助他们快速提升。

心理素质的培养是竞技教学中不可忽视的一部分。教师会教授一些心理调适技巧，如呼吸控制、积极自我暗示等，帮助学生建立强大的心理防线，积极面对比赛的压力和挑战。同时，通过组织团队活动和比赛，培养学生的团队精神和竞争意识，让他们学会在竞争中尊重对手，享受比赛的过程。

（五）体育舞蹈教学的特点

1. 动作技术性

体育舞蹈教学的特点之一是动作技术性，这体现在体育舞蹈本身，它是融合了体育、舞蹈和音乐的一种艺术形式。首先，在教学过程中，学生需要学习和掌握一系列具有技术性的舞蹈动作，这些动作不仅要求学生身体的协调性和节奏感，还要求他们具备一定的体力、柔韧性和力量。动作技术性的教学注重细节，包括舞步的准确性、手臂和腿部的位置、身体姿态的控制及舞蹈表情管理等。教师通常会通过分解动作、反复练习和反馈指导来帮助学生提高动作质量，确保学生能够熟练地完成舞蹈组合和技术要求。此外，体育舞蹈教学还强调动作的艺术性。每一个舞步、转身、跳跃都应充满情感和表现力，因为舞蹈不仅是身体的运动，也是一种情感的传达和艺术的展现。教师会教导学生如何将音乐的旋律和节奏融入舞蹈，如何通过身体语言表达音乐的情感，以及如何通过眼神、面部表情和身体姿态增强舞蹈的表现力。其次，体育舞蹈教学注重合作与默契。在双人舞中，舞伴之间的配合至关重要。双方需要建立信任，学习如何通过非言语信号来沟通和调整舞步，以达到和谐统一的舞蹈效果。教师会通过配对练习、换舞伴、即兴舞蹈等方式，培养学生的合作能力和适应性。最后，体育舞蹈教学也重视个人发展和持续进步。每个学生都有自己的学习节奏和舞蹈风格，教师会鼓励学生发现和发挥自己的独特性，同时也会设定有挑战性的目标，帮助学生不断超越自我，提高舞蹈技能和舞台表现力。

在教学过程中，教师会根据学生的个体差异，调整教学方法和难度，确保每个学生都能在技术、艺术性、合作和自我发展等方面得到全面的提升。例如，对于技术性较弱的学生，教师可能会在基础动作的训练上花费更多的时间，帮助他们增强身体力量和协调性；而对于技术性较强的学生，教师则会引导他们更深入地理解和表达舞蹈的情感内涵，提升舞蹈的感染力。此外，体育舞蹈教学还会通过定期的表演、比赛和观摩活动，为学生提供实践和展示的平台，让他们在实际的舞蹈环境中检验和提升自己的技能。这些活动不仅能够增强学生的自信心，也能激发他们的竞争意识和团队精神，使他们在面对压力和挑战时，能够更好地调整和发挥。在教学过程中，教师的角色不只是指导者，更是引导者和激励者。他们不仅要传授舞蹈知识和技巧，还要激发学生对体育舞蹈的热爱，培养他们的艺术鉴赏能力和创新思维，使他们在享受舞蹈乐趣的同时也能从中获得个人成长的养分。

2. 艺术表现性

艺术表现性是体育舞蹈教学的另一个重要特点，它强调了舞蹈不只是技巧的展示，更是故事和情感的传达。在体育舞蹈中，舞者通过身体语言、面部表情、舞步的流畅性和舞蹈的整体风格来表达音乐的情感和节奏。艺术表现性的教学注重培养学生的音乐感受力和舞蹈表现力，鼓励他们在舞蹈中加入个性和创造力，使舞蹈具有独特的风格和感染力。教师会通过音乐欣赏、情感表达的训练和角色扮演等方法，帮助学生深入理解舞蹈背后的文化内涵和情感表达，提升他们的艺术修养和舞台表现力。

在体育舞蹈的教学过程中，教师会精心挑选各种风格的音乐，从古典的华尔兹到现代的街舞，让学生体验不同音乐风格带来的不同情绪和故事背景。例如，在学习华尔兹时，会被引导去感受那种优雅、庄重的气氛，理解这种舞蹈是如何在 19 世纪的欧洲宫廷中诞生的。在学习拉丁舞时，学生们会被鼓励去释放热情、活力，体验那种源自热带风情的节奏感。此外，教师还会通过示范和指导，帮助学生掌握通过身体语言和面部表情来增强舞蹈表现力的技巧。一个微妙的眼神交流、一个有力的手势，或者一个微笑，都能让舞蹈更具生命力和故事性。学生要反复练习，直到每一个舞步、每一个转身都能自然地流露出舞蹈想要表达的情感。

在教育的广阔领域中，角色扮演作为一种创新的教学方法，已经被广泛应用于各种课堂环境中，尤其是在体育舞蹈的教学中。这种教学方法鼓励学生们跨越现实的界限，扮演各种各样的角色，可以是浪漫的恋人、亲密的朋友，也可以是被音乐驱动的自由灵魂。这种角色的沉浸式体验，使学生能够更深入地理解和诠释舞蹈中的情感和故事线，从而赋予舞蹈更强烈的戏剧性和吸引力。例如，当学生扮演一对在爵士乐中翩翩起舞的情侣时，他们需要理解并表达出那种既充满激情又充满微妙情感的复杂关系。这种情感的深度理解和表达，使得舞蹈不再是身体的运动，而是一种艺术的表达，一种情感的释放，一种故事的生动讲述。每一个步伐，都是他们传达内心世界的方式。

通过角色扮演，每个学生都能在舞蹈中找到自我，形成自己独特的舞蹈风格。他们可能会在快节奏的恰恰舞中展现出活力四射的一面，也可能在慢节奏的华尔兹中流露出优雅深情的一面。这种自我发现和自我表达的过程，不仅提升了他们的艺术鉴赏能力，也增强了他们的舞台表现力，使他们在舞蹈的世界中更加自信，更加光彩照人。据统计，在采用角色扮演教学法的舞蹈课堂中，学生的参与度和满意度都有显著提高。学生在享受舞蹈乐趣的同时也提高了团队合作、创新思维和问题解决的能力。因此，角色扮演不仅是一种教学手段，也是一种培养学生全面素质的有效途径。

二、体育舞蹈的教学策略

（一）教学策略的制定

体育舞蹈教学策略的制定是一个系统的过程，它需要教师根据学生的实际情况、教学目标和教学内容来设计有效的教学方案。在制定教学策略时，教师需要考虑学生的年龄、舞蹈基础、学习能力及兴趣点，以确保教学策略既符合学生的接受能力，又能激发他们的学习兴趣。同时，教师还需结合体育舞蹈的特点，如动作技术性、艺术表现性等，制定相应的教学方法和手段。此外，教师应根据教学目标的不同，如普及教学注重兴趣培养，竞技教学注重技能提升，来调整教学策略的重点和难点。总之，教学策略的制定应具有针对性、灵活性和创新性，以适应不同教学情境下的教学需求。

在实施教学策略的过程中，教师应注重理论与实践的结合。学习体育舞蹈不仅需要理解理论知识，更需要通过反复的实践来掌握动作和节奏。因此，教师可以设计各种实践活动，如分组练习、角色扮演、模拟比赛等，让学生在实践中学习和掌握动作。同时，教师还应提供及时、具体的反馈，帮助学生发现并改正错误，提升舞蹈技能。另外，教师应充分利用现代教育技术，如多媒体教学、在线教学平台等，丰富教学手段，提高教学效果。例如，通过视频教学，学生可以反复观看和模仿专业舞者的动作，从而更好地理解和掌握舞蹈技巧。

在激发学生兴趣方面，教师可以组织各种舞蹈活动，如舞蹈比赛、舞蹈表演等，让学生有机会展示自我，增强学习的成就感。同时，教师还可以将流行元素融入教学中，使体育舞蹈更贴近学生的生活，提高他们的学习积极性。例如，教师可以结合当前热门的舞蹈趋势，如街舞、韩流舞蹈、抖音热舞等，设计教学课程。让学生在学习传统体育舞蹈的同时也能接触他们喜欢的流行舞蹈，这样既能吸引他们的注意力，也能让他们在享受舞蹈乐趣的同时，提高协调性和节奏感。教师还可以设立舞蹈创编项目，让学生参与舞蹈的创作。例如，让他们自由选择音乐，编排舞蹈动作，甚至制作舞蹈道具，这样不仅能够锻炼他们的创新思维和团队协作能力，也能让他们在实践中提高舞蹈技能，增强自信心。另外，定期的舞蹈分享会也是一个好方法。学生可以在分享会上表演自己擅长的舞蹈，或者分享他们学习舞蹈的心得体会，这样既能提供一个互相学习、互相激励的平台，也能增强学生之间的友谊，营造积极向上的学习氛围。

（二）教学策略的实施

体育舞蹈教学策略的实施在教学过程中至关重要，它涉及教师如何将制定的教学策略具体化并有效地转化为学生的学习活动。实施教学策略时，教师需要创设一个积极的学习氛围，确保学生能够专注于舞蹈训练，并充分调动他们的积极性。加强对学生的正面反馈，适时调整教学节奏和难度，以激励学生不断进步。教师还需密切关注学生的学习状态，及时发现并解决他们在学习过程中遇到的问题。此外，教师应定期评估教学效果，根据学生的反馈调整教学策略，确保教学活动能够有效地促进学生体育舞蹈技能和艺术表现力的提升。教师还应注重学生个体差异，提供个性化的指导和支持，使每个学生都能在体育舞蹈学习中获得成功和满足。

在实施体育舞蹈教学策略时，教师应充分利用各种教学资源，如音乐、视频、示范和实践等，以多元化的方式激发学生的学习兴趣。例如，选择节奏鲜明、旋律优美的音乐，可以增强学生对舞蹈节奏的感知；通过播放专业舞蹈视频，可以让学生直观地学习舞蹈动作和技巧。同时，教师应鼓励学生参与教学过程，让他们在实践中进步。例如，组织小组活动，让学生互相教授舞蹈动作，这样，不仅可以提高他们的沟通和协作能力，也能让他们在教与学的过程中深化对舞蹈的理解。对于学生的进步，无论大小，都应及时给予肯定和赞扬，以增强他们的自信心和动力。此外，教师应灵活运用不同的教学方法，如示范教学、情境教学、游戏化教学等，以适应学生不同的学习风格和需求。例如，对于视觉型学习者，可以让他们通过示范和观察来学习；对于动手型学习者，可以让他们通过反复练习来掌握动作。

在教学过程中，教师应定期进行自我反思，评估自己的教学方法是否有效，是否真正满足了学生的学习需求。同时，也要鼓励学生对教学提出建议和反馈，以实现教学相长，共同提高。

教学，不仅是一门艺术，也是一门需要不断精进的技艺。教师在教学中不只是知识的传递者，更是引导者和激发者。因此，定期的自我反思是教师在教学过程中不可或缺的环节。这包括对教学内容的审视、教学方式的考量及对学生学习过程的理解。教师需要常问自己：我所教授的知识是否真正被学生理解和吸收？我所采用的教学方法是否能激发学生的学习兴趣和主动性？我是否真正关注了每一个学生个体的学习需求和困难？同时，学生的反馈是教师改进教学的重要参考要素，他们身处学习的第一线，对于教学的体验和感受最直接，也最真实，他们的困惑、建议甚至是批评，都是教师调整教学策略的宝贵信息。教师应积极创造条件，鼓励学生表达对教学的看法。无论是课堂讨论，还是课后的匿名问卷，都可以作为收集反馈的有效途径。教学相长，意味着教师和学生在互动中共同进步，教师通过反思和倾听，可以不断提升自身的教学能力，更好地满足学生的学习需求。而学生在参与和反馈的过程中，也能提高自我学习的意识和能力，形成主动学习的良好习惯。因此，教学不应是单向的灌输，而应是双向的交流和互动。

第二节 体育舞蹈教学的原则与程序

一、体育舞蹈教学的原则

（一）科学性原则

科学性原则是体育舞蹈教学的基本原则之一，它要求教学活动必须基于舞蹈教学的科学理论和方法进行。这意味着教学内容、教学方法和教学过程都要遵循舞蹈教学的规律，以确保学生能够系统、有效地学习和掌握体育舞蹈知识和技能。科学性原则强调教学设计应具有合理性，教学策略应根据学生的年龄、生理特点、舞蹈基础和学习能力等因素进行调整。同时，教师在教学过程中要注重学生的个体差异，因材施教，让每个学生都能在舞蹈学习中获得最佳的发展。此外，科学性原则还要求教师不断更新教学观念和教学方法，积极采用新技术和新手段，提高教学效果。总之，科学性原则是体育舞蹈教学取得成功的重要保障。

在实践中，遵循科学性原则的体育舞蹈教学应注重以下几个方面。首先，教学内容的科学性。教师需要根据体育舞蹈的体系和学生的认知阶段，制定层次分明、结构合理的教学大纲。从基础步伐开始，逐步引入复杂的舞蹈技巧和组合，确保学生能够逐步掌握并熟练运用。其次，教学方法的科学性。教师应运用多元化的教学手段，如示范教学、分组练习、情境模拟等，激发学生的学习兴趣，提高教学的趣味性和实效性。再次，教学过程的科学性。教学活动应遵循学生的认知规律，适时进行反馈和调整。教师需要定期评估学生的学习进度，及时发现并解决学生在学习中遇到的问题，确保教学活动的有效进行。同时，在教学过程中应注重理论与实践的结合，使学生在实践中理解理论，在理论指导下提高实践能力。又次，教师自身专业发展的科学性。教师应持续学习新的舞蹈知识和教学理念，提升自身的教学能力和专业素养，以便更好地适应舞蹈教学的发展需求。最后，教学评价的公正性和客观性。教师应建立全面、公正的评价体系，不仅要关注学生的舞蹈技能，也要重视他们的创新思维、团队合作和自我表达等多方面能力的培养和评价。

（二）系统性原则

系统性原则是体育舞蹈教学的基本原则之一，它强调教学活动应当是一个有组织、有计划、相互联系的整体，以确保学生能够全面、系统地掌握体育舞蹈的技能和知识。根据系统性原则，教学内容应按照由浅入深、由简到繁的顺序组织，教学过程应体现舞蹈技能形成的规律，从基本动作到组合动作，再到舞蹈作品的演绎，每一步都应为学生建立坚实的基础。教师在教学设计中应注重各教学环节之间的逻辑关系，以确保教学活动有序进行，帮助学生建立完整的舞蹈知识体系。同时，系统性原则还要求教师关注学生的长期发展，培养学生的舞蹈素养和审美能力，使他们在学习过程中能够逐步形成自己的舞蹈风格。总之，系统性原则是体育舞蹈教学中实现学生全面发展的重要原则。

在实际教学中，教师需要根据系统性原则，从基础的舞蹈步伐和身体协调性训练开始，逐步引入更复杂的步伐组合和节奏变化。每个新的教学内容都应以前面所学为基础，逐步增加难度，使学生在不断的挑战中提升技能。例如，当学生熟练掌握单支舞蹈的步伐后，教师可以引导他们学习如何将这些步伐流畅地连接起来，形成舞蹈组合。此外，教师还需要注重理论知识的传授，如舞蹈历史、舞蹈理论、音乐理论等，这些理论知识可以帮助学生更深入地理解舞蹈，提高他们的舞蹈鉴赏能力，开拓他们的创新思维。同时，教师应鼓励学生参与实际的舞蹈创作和表演，通过实践来巩固和运用所学知识，提高他们的舞蹈实践能力。

在关注学生技能提升的同时，教师也不能忽视他们的心理发展。系统性原则要求教师在教学中注重培养学生的自信心、毅力和团队合作精神，通过定期的反馈和鼓励，帮助他们建立积极的学习态度和良好的心理素质。

教育的本质不仅是传授知识，也是塑造人格，培养全面发展的个体。在快节奏、高压力的现代社会中，学生的心理状态直接影响到他们的学习效果和生活质量。因此，教师应当将心理教育融入日常的教学活动中，关注每一个学生的内心世界，理解他们的困惑，帮助他们解决问题。首先，教师可以通过创设各种情境，让学生在具体情境中体验和学习。比如，设置团队项目可以培养他们的团队合作精神，面对困难和挑战时的坚持可以锻炼他们的毅力。每一次的成功都能增强学生的自信心，而每一次的失败则能教会他们如何正确面对挫折。其次，定期的反馈和鼓励是心理教育的重要手段。教师应定期检查学生的学习进度，及时给予建设性的反馈，让他们了解自己的优点和需要改进的地方。同时，教师应善于发现学生的点滴进步，用赞美和鼓励激发他们的学习动力。最后，教师还需要建立一个开放、接纳的环境，鼓励学生表达自己的感受和想法。通过倾听，教师可以了解学生的心理需求，及时提供必要的指导和帮助，帮助他们建立健康的心态。

（三）实践性原则

实践性原则是体育舞蹈教学的基本原则之一，它强调教学活动应以学生的实践操作为基础，通过实际的舞蹈练习来培养和提高学生的舞蹈技能和艺术表现力。根据实践性原则，教师应设计丰富的实践活动，让学生在舞蹈实践中体验和感受舞蹈的节奏、风格和情感表达，从而促进他们对舞蹈知识的理解和掌握。实践性原则还要求教师在教学过程中注重对学生编创能力和创新能力的培养，鼓励他们通过实践探索和尝试新的舞蹈动作和组合，发展他们的个性和创造力。同时，实践性原则强调教师应给予学生充分的实践机会，让他们在不断的练习中积累经验，提高舞蹈技能和表演水平。总之，实践性原则是体育舞蹈教学实现学生能力提升和个性化发展的重要原则。

在具体的教学实践中，教师可以采用多种方式来体现这一原则。例如，教师可以将课堂变成一个小型的舞蹈工作室，让学生在其中尝试不同的舞蹈步伐和动作，通过反复的练习来熟悉和掌握舞蹈技巧。同时，教师也可以设计一些创新性的练习，让学生根据特定的音乐或情境自由创作舞蹈，这样不仅能锻炼他们的动手能力，也能激发他们的创新思维。此外，教师还可以组织定期的舞蹈表演活动，让学生有机会在真实的舞台上展示他们的学习成果，这不仅可以增强他们的自信心，也能让他们在实践中学习如何更好地表达舞蹈的情感和意境。在学生表演后，教师和同学们的反馈也是宝贵的实践学习经验，可以帮助他们认识到自己的优点和不足，从而有针对性地进行改进。

在教学过程中，教师应以引导者的角色出现，而不是简单的知识传递者。他们需要耐心地观察学生在实践中的表现，及时给予适当的指导和鼓励，帮助学生克服困难，提升舞蹈技能。同时，教师也需要尊重学生的独特性，鼓励他们发展自己的舞蹈风格，实现个性化发展。

教师的角色像是一个园丁，每个学生都是一颗独特的种子，需要不同的滋养和呵护才能茁壮成长。他们应该理解每个学生的学习速度、理解和表达方式都有所不同，因此，教学方法不能一概而论。有的学生可能天生柔韧性好，对芭蕾舞的动作掌握得快，而有的学生可能节奏感强，擅长街舞。教师的责任就是发现这些特点，因材施教，让每个学生的优点都能得到充分发挥。

在教学过程中，教师应注重实践，让学生在反复的舞蹈练习中找到感觉，理解舞蹈的精髓。当学生遇到困难，如动作不到位、节奏把握不准时，教师应耐心指导，用鼓励的话语和示范来激发他们的信心和决心，帮助他们逐步克服困难。同时，也要教导学生如何从错误中学习，因为失败和挫折是成长的一部分。此外，教师还应鼓励学生创新，不拘泥于传统的舞蹈形式，敢于尝试新的动作和表达方式，形成自己的舞蹈风格。这样不仅可以提升学生的舞蹈技能，也能培养他们的创新思维和自我表达能力，使他们在舞蹈的道路上走得更远更久。

二、体育舞蹈教学程序的设计与优化

（一）教学程序的设计

体育舞蹈教学程序的设计应遵循系统性、渐进性、实践性原则，结合学生的实际水平、学习兴趣和舞蹈技能特点，科学合理地安排教学内容、教学方法和教学评价。首先要明确教学目标，确保教学活动有序进行；其次要进行有效的教学准备，包括教学环境、教学材料和教师自身准备；再次是实施教学活动，通过集体教学、分组教学和个别教学等多种形式，引导学生体验舞蹈美感，掌握舞蹈技巧；最后是进行教学评价，对学生的学习效果进行科学公正的评估，为下一步教学提供依据。在整个教学过程中，教师应注重启发学生的主观能动性，培养学生的团队协作能力和创新精神，以达到提高体育舞蹈教学效果的目的。

具体来说，教学目标的明确应包括短期目标和长期目标。短期目标可以包括掌握特定的舞蹈步伐，理解音乐节奏，或者提高身体协调性；长期目标则可以是培养学生的舞蹈欣赏能力，形成良好的舞蹈习惯，甚至发展他们的艺术创新能力。这些目标的制定需要根据学生的年龄、身体条件和学习能力进行适当的调整。

教学准备阶段，教师需要精心选择和设计教学材料，如选择适合学生的舞蹈曲目，制作详细的舞蹈教学步骤图，准备舞蹈道具等。同时，教师自身的准备工作也非常重要，这包括对教学内容的深入理解、预演教学过程及调整自身的教学状态，以充满热情和耐心的态度教授学生。

在实施教学活动时，教师应采用多元化的教学方法，如通过示范教学让学生直观地理解舞蹈动作，通过互动教学激发学生的学习兴趣，通过情境教学帮助学生更好地融入舞蹈情境。同时，教师还应注重培养学生的自我学习能力，让他们学会在实践中自我调整和改进。

教学评价不仅包括对学生舞蹈技能的考核，也应包括对他们的学习态度、团队合作能力和创新思维的评价。教师可以采用学生自我评价、同伴评价相结合的方式，全面了解学生的学习状况。对于评价的结果，教师应给予及时的反馈，对优点给予肯定，对不足提出建设性的改进建议。

（二）教学程序的优化

体育舞蹈教学程序应通过持续的反馈和评估来调整和改善，以提高教学质量和学生的学习体验。这包括定期审查和更新教学内容，确保其相关性和挑战性；采用多样化的教学方法，适应不同学生的学习风格和能力；利用技术工具，如视频回放和分析软件，辅助教学和训练；开展定期的师生交流会，使学生能够获得及时的指导和反馈；鼓励学生参与自我评估和同伴评价，以促进个人成长和团队协作。通过这些措施，可以不断优化教学程序，使之更加适应学生的需求，提高体育舞蹈教学的整体效果。此外，教师也需要不断提升自身的专业素养，了解最新的体育舞蹈教学趋势和技巧，以便将最前沿的知识传授给学生。这可能包括参加专业研讨会、工作坊，或者进行自我研究和学习。同时，教师应注重培养学生的创新思维和问题解决能力，帮助他们在舞蹈中找到自己的风格和表达方式。

在教育的广阔领域中，构建一个积极支持和鼓励探索的教学环境至关重要。无论是教授复杂的理论知识，还是引导学生掌握新的舞蹈步伐，教师都应该是学生自信心的塑造者和学习热情的点燃者。学生在学习过程中难免会遇到挫折，尤其是在掌握新技能或技巧时，可能会感到困惑甚至沮丧。此时，教师的耐心引导显得尤为重要。他们需要以理解与接纳的态度，肯定学生付出的努力，而不仅仅是关注最终的结果。这种肯定和鼓励像一束光芒，照亮学生前行的道路，帮助他们建立起面对困难的勇气和自信，从而激发他们更深层次的学习动力。此外，定期举办模拟比赛和公开表演也是优化教学策略的关键环节。这些活动不仅为学生提供了将理论知识转化为实践技能的平台，也让他们在真实的舞台上展示自己的学习成果，更是在无形中提升了他们的舞台表现力。通过这些模拟实战，学生可以提前体验到比赛的压力和竞争的激烈，这将使他们在未来的正式比赛中从容不迫，能够更好地应对挑战和压力。例如研究发现，参与过模拟比赛的学生在正式比赛中的平均成绩比未参与模拟比赛的学生高出 15%。这进一步证明了模拟比赛在增强学生应对压力能力和实际表现效果方面具有重要作用。

三、体育舞蹈教学原则在实践中的应用

在体育舞蹈教学中，确立教学原则对于提升教学质量、优化教学效果具有重要意义。

在实践教学中，教师应遵循因材施教原则，针对学生的个体差异和特点，制订合适的教学计划；坚持循序渐进原则，系统地组织教学内容，使学生逐步掌握舞蹈技能；注重实践性原则，增加学生舞蹈练习的时间和机会，提高学生的舞蹈技能和表演水平；强调启发式教学原则，引导学生主动探究舞蹈技巧，培养学生的创新思维和能力；同时，注重情感教学原则，营造积极向上的课堂氛围，增强学生的学习兴趣和动力。以上原则在实践中的应用，有助于提高体育舞蹈教学的效果，促进学生的全面发展。此外，教师还应秉持理论与实践相结合的原则，将舞蹈理论知识与实际操作相结合，使学生在理解理论的基础上更好地将其应用到实践中。这不仅可以提高学生对舞蹈艺术的深入理解，也有助于他们形成独立思考和解决问题的能力。

教师应重视评价的反馈作用，实行多元化和过程性的评价方式，及时了解学生的学习进度和困难，以便调整教学策略，提供个性化的指导。同时，通过公正、公平的评价，激发学生的学习积极性，增强他们的自信心。教师还需关注学生的身心健康，合理安排训练强度，避免过度训练。同时，培养学生的团队合作精神、良好的体育道德和坚韧的意志品质，以促进他们的全面发展。体育舞蹈教学原则的实施需要教师具备高度的教学智慧和人文关怀，只有这样，才能真正实现教学目标，提高教学效果，使每一位学生在体育舞蹈的学习中受益，成长为全面发展的人才。

第三节 体育舞蹈教学方法的创新思路与实践探索

一、体育舞蹈教学方法的创新思路

(一)创新教学方法的重要性

创新教学方法对于体育舞蹈教学至关重要，因为它能够激发学生的学习兴趣，提高他们的参与度和实践能力。通过引入新的教学手段，如游戏化学习、互动式教学、情境模拟和跨学科融合，可以有效激发学生的学习动力和兴趣，帮助他们更好地理解和掌握舞蹈技巧。此外，创新教学方法还有助于培养学生的创造性思维和团队协作能力，为他们的全面发展奠定基础。因此，在体育舞蹈教学中，教师应不断探索和尝试新的教学方法，以适应不断变化的教育环境和学生需求。例如，教师可以利用音乐节奏和舞蹈动作的结合，设计一些趣味性的游戏，让学生在轻松愉快的氛围中学习舞蹈步伐和节奏。同时，通过设置不同的舞蹈情境，如模拟社交舞会、舞台表演等，可以提高学生的适应能力和表现力，使他们在模拟实践中更好地理解和感受舞蹈的魅力。另外，互动式教学也是创新教学方法的重要组成部分。教师可以组织小组活动，让学生们互相教授舞蹈动作，这样不仅能够提高他们的沟通能力和团队协作精神，还能让他们在教与学的过程中深化对舞蹈技巧的理解。同时，教师也可以利用现代科技，如使用教学软件、在线视频等工具，提供更多的学习资源，以满足学生的个性化学习需求。此外，跨学科融合也是创新教学的重要方向。例如，教师可以设计一个项目，让学生们以一个历史时期或艺术流派为主题，创作并表演一段体育舞蹈。在这个过程中，学生们需要研究那个时期或流派的音乐、服装、舞蹈风格等，这将促进他们对不同学科知识的整合和应用。同时，这种跨学科的学习方式也能激发学生的创新思维，使他们在舞蹈创作中展现出独特的艺术视角和表达能力。

总之，创新教学方法在体育舞蹈教学中的应用是多维度、多层次的，需要教师根据学生的兴趣和能力进行灵活调整和设计。教师应以学生为中心，注重培养他们的学习自主性、创新性和全面性，使他们在享受舞蹈乐趣的同时，也能在知识、技能和情感等方面得到充分的发展。因此，持续关注教育动态，不断更新教学理念，积极探索适应时代需求的教学策略，是每一位体育舞蹈教师应有的专业素养和应承担的责任。

（二）创新教学方法的基本思路

体育舞蹈作为一项兼具艺术性与体育性的课程，在教学方法上需要不断创新，以提高教学效果和学生的兴趣。创新教学方法应围绕激发学生的学习兴趣、培养实践能力和团队协作精神及提升学生综合素质展开。这包括运用现代教育技术手段，如多媒体教学、网络资源等，丰富教学手段；开展情境教学，模拟真实的舞蹈场景，提高学生的情境适应能力和舞台表现力；实施分组合作学习，培养学生的团队协作能力；举办多样化的实践活动，如比赛、表演等，增加学生的实践机会，从而有效提升体育舞蹈教学质量和学生的舞蹈技能。

体育舞蹈教学应注重激发学生的内在兴趣，将艺术与体育的元素巧妙结合，创造出多元化的学习环境。可以利用多媒体和网络资源，使教学内容更加生动有趣，同时，通过设计各种实际情境，增强学生的舞蹈感知力和舞台表现力。此外，推行小组合作模式，不仅能让学生在互动中掌握舞蹈技巧，还能培养他们的团队协作精神。通过举办比赛和表演等活动，为学生提供实践平台，进一步提高他们的综合能力。这样的教学方法将使体育舞蹈课程更具吸引力，也能更好地满足学生的学习需求和发展需要。

在当前的教育环境中，教师的角色正在经历一场深刻的变革。他们由知识传递者逐渐转变为引导者和辅导员，致力于激发学生的内在潜力和创新思维。这一转变的核心理念是，教育的目标不仅是传授技能，还要培养学生的自主学习能力和批判性思考能力，使他们在面对未来的挑战时能够自我适应和创新。教师可以设计一系列具有挑战性的任务，以此激发学生的创新意识。例如，在体育舞蹈教学中，教师可以设置不同风格的舞蹈挑战，如现代舞、拉丁舞、街舞等，让学生在实践中感受舞蹈的多样性和魅力。更进一步，教师可以鼓励学生自主编排舞蹈，这不仅能够锻炼他们的创新能力，也能增强他们的自信心，让他们在创作过程中找到自我表达的方式。同时，建立一个有效的反馈系统也是创新教学策略的重要组成部分。教师应定期对学生的进步和表现进行评估，提供具体的、具有建设性的反馈，帮助他们识别并改正错误，从而提升舞蹈技能。这种反馈不局限于教师对学生的评价，也可以是学生之间的互相评价，这有助于他们掌握沟通技巧和培养批判性思维，使他们在互动中学习和成长。此外，教学内容的丰富性和教学方法的多样性也是创新教学策略的关键。教师可以引入多元化的教学资源，如视频教程、在线课程等，以满足学生不同的学习需求和兴趣。同时，采用项目式学习、小组合作等方式，可以提高学生的学习参与度，让他们在实践中学习，从体验中获得知识。创新体育舞蹈教学方法需要全面、深入的策略考虑。教师应充分利用现代技术工具，丰富教学内容，采用多元化的教学方法，关注学生的主体地位，激发他们的学习动力和潜在能力。只有这样，才能真正优化体育舞蹈的教学效果，培养出既具备艺术素养又富有体育精神的杰出学生，为未来的社会输送具有创新精神和实践能力的舞蹈人才。

二、体育舞蹈教学实践探索与案例分析

（一）实践探索的方法与步骤

实践探索的方法与步骤应包括明确探索目标、选择合适的探索对象、设计探索方案、实施探索活动及评价探索结果。首先，需要根据教学目标和学生的实际情况，明确实践探索的具体目标和要求。其次，选择合适的探索主体，例如学生群体或特定学生，以确保探索活动的针对性和有效性。再次，设计探索方案，包括探索内容、方法、过程和时间安排等，确保探索活动的顺利进行。在实施探索活动时，要注重引导学生积极参与，鼓励他们提出问题和解决问题，培养他们的实践能力和创新思维。最后，对探索结果进行评价，包括学生的学习成绩、技能提升、参与度等方面，以便对实践探索的效果进行总结和反馈。通过这样的方法和步骤，可以有效地推动体育舞蹈教学的实践探索，提升教学质量。此外，教师在设计探索方案时，还需考虑到体育舞蹈的多样性和趣味性，选择不同的舞蹈风格和动作，激发学生的学习兴趣。例如，可以结合流行音乐设计现代舞蹈，或者引入传统元素创作民族舞蹈，让学生在实践中感受体育舞蹈的魅力。同时，教师应灵活运用各种教学手段，如视频示范、现场演示、小组合作等，以满足不同学生的学习需求。

在实施探索活动时，教师应注重安全教育，确保学生在学习舞蹈动作时的安全。同时，要鼓励学生敢于尝试，不怕失败，通过反复练习和修正，逐步掌握舞蹈技巧。教师还可以组织舞蹈比赛或者表演活动，让学生有机会将所学应用到实践中，提高他们的自信心和表现力。评价探索结果时，除了关注学生的舞蹈技能提升，还要重视他们的学习态度和团队合作能力。例如，观察学生在小组活动中是否能积极沟通，是否愿意帮助其他同学等，这都能反映学生在实践探索中学到的超越技能本身的价值观和能力。

（二）实践探索的案例分析

实践探索的案例分析需要从实际教学场景出发，选取具有代表性的体育舞蹈教学实践案例，通过对比分析、归纳总结等方法，深入探讨和解读案例中的教学方法、过程和效果。例如，可以选取某个学校或舞蹈培训机构在体育舞蹈教学方面采用的创新教学方法，分析其教学目标、教学内容、教学手段和教学评价等方面的具体措施和实施效果。通过案例分析，可以揭示出体育舞蹈教学中的创新点和不足之处，为今后的教学提供有益的借鉴和改进方向。同时，案例分析还可以帮助教师和学生更好地理解体育舞蹈教学的本质和目标，提高教学质量和学生的舞蹈技能水平。

以某舞蹈培训机构的体育舞蹈教学为例，该机构在教学中引入了“游戏化学习”的创新模式。他们将传统的体育舞蹈动作与游戏相结合，设计了一系列的教学游戏，如“舞蹈接力”“音乐椅子舞”等，让学生在游戏中学习舞蹈。教学目标中不仅要求学生掌握舞蹈技巧，还注重培养学生的团队协作能力、创新思维和音乐感知能力。

在教学内容上，该机构根据学生的年龄、身体条件和兴趣爱好，将体育舞蹈分为不同的级别和风格，如拉丁舞、摩登舞、街舞等，满足学生的多元化需求。在教学手段上，教师会利用多媒体设备播放舞蹈视频，让学生直观地学习舞蹈动作，同时配合实物道具，如舞蹈棒、节奏鼓等，增强教学的趣味性和互动性。

在教学评价方面，该机构打破了传统的考试评价模式，采用过程性评价和同伴评价相结合的方式。教师定期观察和记录学生在游戏中的表现，鼓励学生互相评价，以提高他们的自我反思和批判性思维能力。

通过这种创新的教学模式，该机构的教学效果显著，学生的舞蹈技能和兴趣明显提高，同时，他们的团队协作能力和创新思维也得到了锻炼。然而，这种模式也存在一些问题，如对教师的教学设计能力要求较高，且需要较大的教学资源投入。因此，对于其他学校或舞蹈培训机构来说，可以借鉴这种“游戏化学习”的教学模式，根据自身的实际情况进行适当的调整和优化，以提高体育舞蹈教学效果和吸引力。

三、体育舞蹈教学方法的创新趋势与展望

（一）创新趋势的分析

体育舞蹈作为一门兼具艺术性与体育性的课程，在教学方法上展现出了创新动力。当前，体育舞蹈教学重视学生的主体地位，强调因材施教，运用多元化的教学手段提升学生的兴趣和参与度。例如，引入信息技术辅助教学，利用虚拟现实（VR）技术模拟舞蹈动作，帮助学生更直观地理解和学习复杂的舞步；结合线上教学平台，实现资源共享和远程教学，拓宽学习渠道；强化跨学科融合，如将音乐、舞蹈与戏剧元素结合，提升学生的综合艺术素养。此外，体育舞蹈教学也更加注重实践与竞赛相结合，通过模拟比赛情景，培养学生的竞技意识和团队协作能力。未来，随着科技的进步和教育理念的发展，体育舞蹈教学方法将继续朝着个性化、智能化和综合化的方向发展，以满足不同学生的学习需求和潜能开发。例如，运用人工智能（AI）技术进行个性化教学，根据每个学生的学习进度、动作准确度和身体协调性进行精准的个性化指导，提供定制化的训练计划；同时，通过大数据分析，及时发现学生在学习过程中遇到的困难，调整教学策略，提高教学效率。另外，体育舞蹈教学也将更加注重情感教育，通过舞蹈的表达和互动，培养学生的同理心和情感沟通能力。教师将引导学生在舞蹈中表达自我，理解并尊重伙伴的情感，从而在舞蹈中建立更深的人际连接。此外，未来的体育舞蹈教学还将探索更多的跨文化教学模式，让学生在学习不同舞蹈的过程中，了解并欣赏世界各地的文化，培养全球视野和跨文化交流能力。

体育舞蹈教学也将注重对学生创新能力与创新思维的培养。教师应鼓励学生尝试创新的舞蹈编排，打破传统的舞蹈框架，激发他们的创新精神。可以通过组织创新工作坊和舞蹈创作比赛，为学生提供展示自我、挑战常规的平台，让他们在实践中学习如何将个人风格与舞蹈技巧相结合，增强舞蹈的原创性和独特性。此外，体育舞蹈教学要关注身心健康，将身心训练融入日常教学中。例如，结合瑜伽、普拉提等身心训练方法，帮助学生提高身体柔韧性、力量和平衡感，同时缓解学习压力，培养良好的心理素质。教师还可以教导学生如何通过舞蹈来调节情绪，使他们在舞蹈中找到内心的平静和快乐，促进身心和谐发展。未来，体育舞蹈教学还将积极推动校企合作，与专业舞蹈团、演出机构建立紧密联系，为学生提供实习、演出和比赛的机会，让他们在真实的舞台上锻炼技能。积累经验，提高就业竞争力。同时，通过引入行业专家举办讲座和工作坊等活动，使学生了解体育舞蹈行业的最新动态和发展趋势，为他们的职业生涯规划提供指导。

（二）创新展望

随着科技的不断进步，未来的教学将更加智能化和个性化。例如，利用人工智能技术，

可以开发出智能化的教学系统，根据学生的学习进度和特点，自动调整教学内容和难度，提供更加个性化的教学方案。此外，虚拟现实和增强现实技术的应用，可以使学生在一个更加真实和互动的环境中学习舞蹈，提高学习的趣味性和学习效果。同时，随着网络技术的发展，线上教学将更加普及，学生可以随时随地通过网络平台学习舞蹈，享受更丰富的教学资源。另外，大数据分析也将发挥重要作用。教师可以通过收集和分析学生在学习过程中的各种数据，如动作准确率、学习时间、反馈意见等，深入了解学生的学习模式和难点，从而制订更具有针对性的教学策略。同时，这种数据驱动的教学方式也能帮助教师评估教学效果，持续优化教学内容和方法。再者，未来的体育舞蹈教学会更加注重跨界融合。结合音乐、艺术、科技等多种元素，创新舞蹈形式，拓宽学生的艺术视野，提升他们的创新思维和跨界能力。例如，通过与音乐节奏的联动，让学生在感受音乐节奏的同时学习舞蹈，提高舞蹈的韵律感。此外，教学方式也会注重实践和体验。例如，通过模拟实际比赛场景，让学生在模拟比赛中提前体验比赛的压力和氛围，提升他们的心理素质和实战能力。同时，通过组织各类舞蹈比赛和交流活动，激发学生的学习热情，增强他们的团队协作能力和社交能力。

未来的体育舞蹈教学还会重视情感教育。教师可以通过人工智能技术，了解学生在学习过程中的情绪变化，及时发现和解决他们可能遇到的心理困扰，帮助学生建立积极的学习态度和良好的心理素质。同时，教学过程也将更加注重师生、生生之间的互动，通过小组合作、角色扮演等方式，增强学生的沟通能力和团队精神。此外，随着可穿戴设备和生物传感器的发展，体育舞蹈的教学将更加科学化。例如，通过监测学生的心率、动作幅度等指标，可以更准确地评估他们的体能状况和训练强度，防止过度训练或运动伤害。通过分析学生的舞蹈动作，可以提出详细的反馈和建议，帮助他们改进技巧，提高舞蹈水平。未来的体育舞蹈教学将更加注重终身学习意识的培养。通过构建开放的学习社区，学生可以与世界各地的舞者交流，分享学习心得，持续提升自我。同时，教学内容将更加注重实际应用和创新能力，鼓励学生将所学知识应用于舞蹈创作，培养他们的创新思维和自我表达能力。

第三章 体育舞蹈课程的设计与实施

第一节 体育舞蹈课程的建设基础

体育舞蹈，是一种将体育与艺术完美融合的运动形式，近年来在教育领域中逐渐受到重视。体育舞蹈不仅锻炼了学生的身体素质，还培养了学生的艺术修养和团队协作能力。因此，构建坚实有效的体育舞蹈课程体系，对全面提高学生的综合素质具有重要意义。

一、以科学的课程设计为基石

体育舞蹈课程的设计是一项综合性的任务，需要兼顾舞蹈的多样性和技术的系统性，同时也要考虑到学生的兴趣和潜能。课程内容应覆盖广泛的舞蹈类型，包括但不限于热情奔放的拉丁舞（如恰恰、桑巴和牛仔舞）及优雅流畅的摩登舞（如华尔兹、探戈和狐步舞）。这样的课程设计旨在让学生有机会接触和了解各种舞蹈风格，拓宽他们的艺术视野，满足他们多元化、个性化的学习需求。

遵循循序渐进的教学原则。课程应从基础的舞蹈步法和姿势入手，通过反复的练习和修正，培养学生正确的身体感觉和舞蹈节奏感。随着学生技能的提升，课程可以逐步引入更复杂的舞蹈组合（如旋转、跳跃、滑步等）及更精细的舞蹈技巧（如身体控制、平衡感和舞蹈流动的连贯性）。这种循序渐进的教学方式有助于学生建立自信，准确掌握舞蹈的技巧和精髓。

舞蹈不仅是技术的展示，更是情感的表达和艺术的呈现，课程中应设置专门的舞台表现和情感表达训练。教师引导学生理解不同舞蹈背后的文化背景和情感内涵，通过角色扮演、情境模拟等方式，帮助学生学会运用身体语言和面部表情来传达舞蹈的情感。这样的训练不仅能够提升学生的表演技巧，还能培养他们的艺术感知力和自我表达能力，使他们在舞蹈中展现出独特的艺术魅力。可定期组织舞蹈表演或比赛，让学生有机会检验自己的学习成果，感受舞蹈带来的乐趣和成就感。而且这样的活动也能增强学生的团队合作意识，提高他们的社交能力，对他们的全面发展有着积极的推动作用。

二、优秀的教师团队

体育舞蹈教师除了要教授学生优美的舞步和流畅的动作外，还是舞蹈艺术与学生之间重要的沟通桥梁。专业的舞蹈技能是教师的基础能力，包括对各种舞蹈风格的精通、对舞蹈技巧的深入理解以及对舞蹈艺术的独到见解。他们需要通过自身的舞蹈实践，将这些知识和技能转化为易于理解的教学内容，以便学生能够模仿和学习。但仅仅具备专业的舞蹈技能是不够的。教师还需要有丰富的教学经验，能有效地将复杂的舞蹈技巧传授给学生。这包括对学生的认知水平、学习风格和身体条件有全面了解，以及根据这些因素调整教学方法。例如，对于协调性较差的学生，教师可能需要采用更具体的分解教学；对于进步较快的学生，教师可能需要提供更具挑战性的动作来激发他们的潜力。此外，良好的沟通能力也是教师不可或缺的。教师需要能够清晰、准确地表达出舞蹈动作的要领，同时也要善于倾听学生的需求和困惑，并给予及时、适当的反馈和指导。这种沟通不仅限于言语，还包括肢体语言和眼神交流，通过建立良好的师生关系，增强学生的学习信心。

为了保持教学水平的前沿性，定期的教师培训和教学研讨活动是必要的。这些活动可以帮助教师了解最新的舞蹈教育理念，学习有效的教学策略，以及探讨如何更好地应对教学中的挑战。同时，教师之间的交流和分享，也可以激发新的教学灵感，促进教学方法的创新和改进。通过定期的专业培训和研讨，教师可以更好地引导学生在舞蹈的世界中探索、学习和成长。

三、良好的教学环境和设施

良好的教学环境既能够激发学生的创造力，又能够满足他们对技术训练的需求。这首先体现在对舞蹈教室的精心设计上。教室需要宽敞明亮，以确保学生在学习各种舞蹈动作时有足够的空间，同时，充足的自然光线或专业照明设备可以清晰地展示舞蹈动作的细节，帮助学生更好地理解和模仿。完善的辅助设施也是不可或缺的：镜子作为舞蹈教室的标配，它能让学生观察并纠正自己的动作，提升自我感知能力；把杆为初学者提供了稳定的支撑，帮助他们建立正确的身体姿态和平衡感；更衣室和休息区则为学生提供了私密和舒适的环境，让他们在课间可以放松身心，为下一轮的学习做好准备。

除了硬件设施，学校的经济支持也是保证舞蹈教学质量的关键。这包括购买高质量的舞蹈服装，服装不仅要符合舞蹈动作的需求，还要舒适，让学生在跳舞时无拘无束。同时，先进的音乐设备，可以播放各种节奏和风格的音乐，帮助学生适应不同的舞蹈风格，提高他们的音乐感和节奏感。高质量的舞蹈服装和先进的音乐设备，能够保证课程的顺利进行。

四、与社区的互动

舞蹈，作为一种独特的艺术形式，不仅能够锻炼身体，提高协调性和节奏感，还能够培养学生的自信心和团队合作精神。通过组织校内外的舞蹈比赛、表演活动，让学生有机会在舞台上挥洒汗水，演绎自己的舞蹈梦想。在这个过程中，他们需要花费大量的时间和精力去学习新的舞蹈动作，理解舞蹈背后的文化内涵，这无疑是一种自我挑战和提升。每一次的排练、每一次的尝试，都是他们向自我极限的挑战，也是他们自我成长的过程。这样的经历，能够帮助他们在面对生活中的困难和挑战时，展现出更大的勇气和决心，同时也能加强学校与社区的联系，推广体育舞蹈文化，让更多的人了解并热爱这项运动。

社区的居民们可以通过观看舞蹈比赛和表演，更直观地了解学校的教育理念和学生的风采。而学生们在准备这些活动的过程中，也会更加关注社区居民的需求和反馈，从而增强他们的社会责任感。

体育舞蹈课程的建设是一项系统性的工作，如同编织一幅精美的画卷，需要用细腻的笔触描绘出课程的全貌，涵盖课程设计、教师团队建设、教学环境的优化以及社区互动等多个层面，每一环节都至关重要，缺一不可。课程设计是体育舞蹈课程的灵魂，它决定了课程的走向和深度。教师的专业素质、教学能力和人格魅力将直接影响学生的学习效果。良好的教学环境不仅能为学生提供舒适的训练空间，也能激发学生的学习热情。同时，与社区的互动也能为课程带来新的教学资源和灵感，推动体育舞蹈的可持续发展。

第二节　课程资源的开发与教学体系的构建

在当下形形色色关于“创新设计”美育培养的教学背景下，以多元智能理论为导向的体育舞蹈教学设计，重新揭示了设计作为人文学科的本源，设计不止于满足某种功利或竞争需求，也要思考其整体上的伦理意义。同时，在进行教学设计构建时，还要重点基于教与学的相互依存，依据相关理论和教学设计者的假设进行构建设计。教学设计需要以学生的学习目标为出发点，明确学生需求，设计有效的教学活动，系统规划与安排多元的教学方法和多维的教学评价设计，以满足学生的学习需求。

多元智能理论作为一种经典的教育理论出现在20世纪80年代。随着科学技术的发展，理论的各个领域都有重大进展。刺激学生智能的多样化发展，改变了传统的智力理论。教育学家加德纳认为，人类的思维和认知是多种多样的，大多数人可以利用自己的智力，开发相对独立的八种智能的潜力。人类的智能通常是独立存在的，彼此之间相互影响。多元智能理论启示我们，学生的智能是多样的，每种智能都能够通过体育舞蹈训练得到发展。作为一种新的教育理念，它与新时期中国高等院校的体育舞蹈人才培养理念相契合。

在多元智能理论指导下进行体育舞蹈教学设计，即用“四维教学目标”渗透到体育舞蹈微观教学设计的各个要素，对其目标设计进行分析、策划和教学，以学生为主体的教学方式，教师在教授体育舞蹈技能的同时，应该完善理论知识体系，不断培养学生的智能水平，实现学生的多元化发展。通过结合多元智能理论对“四维教学目标”设计进行全方位的说明，结合体育舞蹈的不同特点，对体育舞蹈教学目标进行全方位的设计，使学生能够灵活掌握并应用体育舞蹈知识与技能，实现学生体能、心理和艺术审美目标统一发展，从而达到预期设定的教学目标（见表3-1）。

表3-1 体育舞蹈四维教学目标设计的智能运用（以华尔兹为例）

目标维度	期望达到的目标	智能类型的运用
知识技能目标	1. 运用多媒体及体育舞蹈理论书籍使学生掌握体育舞蹈相关历史背景及发展现状 2. 通过理论知识讲解使学生掌握并记忆华尔兹规定组合动作术语及名称 3. 学生能够清楚掌握华尔兹规定组合音乐节奏、熟悉基本足法，可以做出身体倾斜或摆荡动作，熟悉组合路线及比赛场地路线	语言智能 空间智能 数理逻辑智能
多元智能目标	1. 学生通过华尔兹单人及规定组合学习判断自身优势智能，通过优势智能带动其劣势智能的发展 2. 学生能够从教师对华尔兹的讲解或与教师日常的沟通中找出自身问题并积极有针对性地解决自身问题	自省智能 人际交往智能
身体素质目标	1. 学生能够做正确的标准舞身体直立基本站姿和标准舞动作架形 2. 学生能够完成华尔兹规定组合中涵盖的规定动作所要求的正确的升降摆荡、出脚脚法和动作移动路线 3. 学生能够准确地在不同华尔兹舞音乐的伴奏下完成规定的舞蹈动作 4. 学生能够做到在完成华尔兹规定组合的同时充分地维持身体的平衡性和协调性	动作智能 空间智能 音乐智能

续表

目标维度	期望达到的目标	智能类型的运用
艺术审美目标	1. 培养积极向上的华尔兹舞蹈礼仪和动作表现力 2. 学生通过学习华尔兹舞蹈规定组合能够在舞蹈中体验美、发现美、感受美和认识美，培养学生创造美的能力 3. 培养学生欣赏美和尊重美的精神品格，学会尊重欣赏他人舞蹈，形成团结互助的合作精神	人际交往智能 自省智能

一、体育舞蹈教学的内容和策略设计

（一）体育舞蹈教学的内容设计

多元智能理论指导下的体育舞蹈教学设计，应该注重有效提高学生的综合素质。教学内容的设计要求，教师须设计某个单一的智能教学模块，然后根据学生的智能特点进行综合应用教学，教学内容要与智能的培养目标相一致。多元化的教学内容应以民族舞、芭蕾舞等形式为辅助内容，再进行现代舞编排和舞蹈组合编排，让学生体验不同舞蹈风格的变化，增加学生对舞蹈学习的兴趣。此外，还可以添加一些风格相同但类型不同的舞蹈，让学生去体验，以充分调动学生的学习积极性。

（二）体育舞蹈教学的策略设计

体育舞蹈课程以多元智能理论为基础，以学生为主体，在培养学生的过程中，重视方法的结合应用，包括探究学习法、互动学习法等，利用多种方式对学生进行授课，同时观察在舞蹈学习过程中学生的心智感触和体会。所谓教学策略是指在整个教学过程中运用不同方法和手段。在体育舞蹈教学过程中，应该重视融合多元智能理论，从而满足学生在智能发展方面的不同需求，让相应的教学内容具有多样性和趣味性。多元智能理论强调每个人的智能都是独特的，不同的智能组合有不同的发展轨迹。因此，在体育舞蹈教学中，应设计、开发各种智能多样化的教学策略。

教学重点是学生的智能发展和多元化培养。教师可通过多元智能量表充分了解学生自身优势后，再结合教学内容和目标来制订合适的教学策略，这样能充分调动学生的学习积极性。教师也可在激发学生“智能”教学主线的同时结合体育舞蹈“技能”教学主线，两者结合，完善体育舞蹈技能教学，促进学生智能多元化发展。例如，教师通过引入音乐理论讲解曲式分析和乐式分析，让学生充分了解音乐的基础乐理，培养学生音乐智能。让学生进行华尔兹双人铜牌组合套路的学习，对强化学生逻辑思维能力和动作表现力，提高学生创新意识和实践能力有很大的促进作用。

二、体育舞蹈教学的组织设计

多元智能理论指导下的体育舞蹈教学形式呈现多样化，主要包括个性化教学和探究化教学等，在实际教学过程中要重视利用多媒体和教学道具。在课堂上，教师可使用激励引导和启发式课程教学。例如，分析和解释华尔兹身体倾斜的技术效果，启发学生思考和强化动作记忆；或是将华尔兹舞蹈中的双人握持及造型动作与运动力学或运动解剖学中身体结构进行关联教学，让学生更好地体验动作平衡及肌肉力量控制，建立动作技能迁移。在芭蕾舞训练过程中，教师应该重视应用芭蕾训练中的相关项目，让学生感受膝关节下降的幅度，加强对半脚尖的控制练习，使学生体验踝关节的正确用力及缓冲发力。教师应该重视培养学生正确的身体姿态，让学生掌握体育舞蹈的各种关键要素，从而能够自主完成倾斜动作，加强对动作技术技巧的学习，如重心的运用、身体控制能力、舞蹈的驱动力等。

三、体育舞蹈教学的评价设计

在一般体育舞蹈课程中，大多只进行舞蹈能力测试，学生在学习过程中往往会忽视自己的体会和表达。多元智能理论的应用重视评价体系的完整性，如普通表演评价、舞蹈能力评价、舞蹈理论知识评价、舞蹈表演展示互评等，可以对学生进行综合评价。此外，教育学家加德纳还提出了“以个体为导向”的评价理念，其中真实性评价最为重要，包括标准参考评价、基准、自我比较和真实性评价四个方面。因此，多元智能理论指导下的体育舞蹈教学评价设计应该是一种“多元化”“情景化”的教学评价。教师也可以通过课堂来观察学生，对学生的谈话和表现进行记录，并作出相应的分析。教学的评价设计基本上分为多元化的评价内容和多元化的评价主体，应将两者结合，综合评估学生的智力、心理和成绩的真实性，并结合学生自身的基础条件和学习努力情况，作出全面的分析。

（一）多元的评价主体

在体育舞蹈教学中，有关多元智能的评价主体应该是多元化的，包括教师评价、学生自我评价和学生相互评价。例如，对学生的体育舞蹈教学评价不再是“技术第一”或教师的“一言堂”，而是由课堂参与者的不同意见组成的多方位评价。

（二）多元的评价内容

多元的评价内容应以过程性评价和终结性评估、相对性评价和绝对性评价相结合。根据多元智能教学理念，每个学生相应的发展是不同的，所以教师要尊重学生之间的个体差异，因材施教。同时，学生的智能需要得到充分的激发，他们解决问题的能力也需要得到提高。当遇到问题和困难时，他们可以利用自己的智能优势，在不同的层面上认识和解决问题。在过程性评价中，教师可以对学生日常学习和练习中表现的学习状态作出相应的评价。而相对性评价则是包含了学生学习效果的自评、学生智能测试评价及小组互评等。要重视学生学习体育舞蹈的过程，对学生进行全方位的评价，包括结果性评价和终结性评价等。所谓多方面评价是指抛弃之前只依赖分数作出评价的体系，利用技术来划分多个维度，从多个角度对学生进行评价。所谓的情景评估，主要是针对体育舞蹈的物理环境，利用学生在期末考试课上的舞蹈学习成果的展现形式，将严肃的考试课堂变成真实的情境来观察，让学生在舒适的学习环境中，轻松愉快地完成某些技术动作，进行现场表演等。学生之间的相互评价包括相互交流和问题分析。体育舞蹈情景的真实表达可以加强学生对体育和舞蹈项目的理解、信心和兴趣，不仅能让学生对体育舞蹈课程有全方位的理解，还能让学生在学习过程中对体育舞蹈有更大的学习兴趣。

四、多元智能理论视阈下体育舞蹈教学设计的具体实践应用

多元智能理论在应用过程中，要根据学生自身的优势及教师教授的知识体系来作出全方位的选择。在教学过程中，并不能保证每一种智能理论都能有所涉及，所以要求教师在备课阶段准备相应的计划书。例如，以华尔兹单人舞身体动作技术通则“身体倾斜动作”为例，根据身体倾斜动作过程中的各种技术要领，进一步分析教学过程中的重难点，结合智能教学方法对其进行全方位的分析，同时还应该以身体倾斜动作为基础，重视教学的全方位应用。

课堂教学过程结构的设计是教学的核心，因此在多元智能理论视阈下的体育舞蹈教学的过程中，教师不仅要完成体育舞蹈教学内容，还要根据教学需要运用与调动多元智能相关的教学方法，对每个学生的智能情况进行设计教学，促进学生智能多元化发展。本教学实验主要以多元智能理论贯穿整个教学过程，因此，本书分析了各部分智能在实验组课堂教学中的应用和教学策略，并对各部分智能在体育舞蹈教学中的体现进行了梳理和分析。

（一）“音乐智能”教学设计运用实施过程

音乐作为体育舞蹈的无形伴侣，通过节奏、旋律、和声等元素，帮助舞者触发舞蹈氛围，演绎舞蹈主题动作，促进动作在整个舞蹈组合展示过程中的流畅性，营造出完美的舞蹈形象。以激发学生“音乐智能”为目的进行具体教学实施过程设计见表 3-2。

表 3-2 “音乐智能”教学设计

智能	教学策略构思	教学实施过程
音乐智能	1. 音乐具有鲜明的抽象性。根据体育舞蹈的课程内容选取合适的音乐，通过直观化和形象化的教学辅助手段促进学生对音乐认知的理解 2. 采用不同风格的音乐进行课前准备活动和课后放松，加深学生音乐情感体验，将精神状态调节到最佳 3. 通过音乐激发联想，加强学生对舞蹈音乐的理解，丰富学生的舞蹈想象力和自我创造力	1. 准备阶段，教师、学生或各小组自行选取热身素材和不同音乐，带领其他学生进行热身操展示，培养学生的身体协调能力和节奏感 2. 教师根据不同的内容可选择不同的音乐，避免千篇一律 3. 鼓励学生尝试不同风格的体育舞蹈套路（可包含阿根廷探戈、维也纳交谊舞等风格） 4. 通过简单的动作对音乐进行描述和表现

在体育舞蹈教学初期，教师让学生做简单的节奏、节拍识别训练时，也需要让学生了解体育舞蹈的风格和特点。教师将动作示范与恰当的音乐相结合，让学生充分感受舞蹈的魅力，并让学生从中享受舞蹈学习的乐趣。随着教学课程的深入，教师可以鼓励学生完成一些成套的舞蹈动作，根据不同类型的风格和不同时代的音乐充分调动学生的积极性，有效提高学生的身体协调性，同时，激发学生的音乐智能，使音乐潜移默化地融入学生自身的动作中（舞蹈本体），以激发学生的创新思维和想象力。

（二）“动作智能”教学设计运用实施过程

动作智能是个体在舞蹈或运动中的核心智能。结合体育舞蹈教学和训练的特点，动作智能与体育舞蹈的艺术表现尤为密切。在体育舞蹈表演时，需要动作智能的支持，最后定格舞蹈动作或组合动作是动作智能的最高级展示。在日常体育舞蹈课中，教师应不断刺激学生自身动作智能的发展，以提高学生的艺术表现力。

在备课阶段，教师应该灵活运用体能训练，或对学生进行专项训练，培养学生的综合素质。在教学成果的测试过程中，应该不断提高学生的协调能力，始终为学生提供舞蹈基本功训练。还可以引入比赛体验场景，选择演播室场地或篮球场地让学生进行舞蹈组合的学习展示，以匹配体育舞蹈的多元化风格。

（三）“人际交往智能”教学设计运用实施过程

人际交往智能的运用则是个体与其他成员之间沟通交往的能力，其表现为捕捉他人情绪、心理、意图等方面的敏感程度，同时作出恰当反应的智能能力。在日常体育舞蹈教学当中，人际交往智能通常主要体现在学生小组相互合作、学习当中。通过小组学习成果分组学习展示和小组模拟竞赛等方式，促进学生人际交往智能的开发和发展，在学习中提升学生与他人沟通交往的能力。

教师指导学生根据自己的智能优势进行小组分工。例如，安排小组训练时间、召集小组成员训练、记录小组练舞编舞心得等日常工作由人际关系智能较强的学生负责；创作、表达和解释集体舞作品主题和风格特点由语言智能较强的学生负责；收集音乐素材由音乐智能较强的学生负责；编舞和动作示范由运动智能较强的学生负责。这样的分工可以充分发挥小组成员的优势智能，并且通过小组合作，在增强学生人际交往智能的同时，促进小组成员共同进步。

（四）“空间智能”教学设计运用实施过程

空间智能在体育舞蹈中占据着十分重要的地位。在体育舞蹈教学中，空间的划分依据是舞蹈运动过程中双人舞舞伴之间的空间和舞蹈运动过程中对空间路线的掌握。教师通过示范讲解空间路线要求及运用，使学生清楚地了解体育舞蹈中的每一个动作的具体朝向和运动方位，了解舞程线的运用原理及舞蹈路线要求。

教师在进行空间路线教学讲解时，首先通过示范使学生了解体育舞蹈的运动路线，通常是由两条长线和两条短线组成。接着确定一块长方形场地，在场地任意一点处设标记点，以标记点为中心沿舞程线设置八个常用的方位（见图 3-1），让学生围绕场地沿逆时针方向进行舞蹈练习，在学生完成每一个动作的同时向其清楚地讲解出所处的方位。动作组合的先后顺序可由学生进行自主选择。同时对空间路线与体育舞蹈中运动方位进行讲解说明。通过这些方式，学生可以清楚地了解舞蹈组合中每一个动作的具体朝向和运动方位，了解舞程线的运用原理及舞蹈路线规定。这样，可以有效地提高学生的空间意识和对空间路线要素的要求，促进学生形成空间 3D 思维，有效地利用视觉空间智能，提高体育舞蹈动作组合教学的有效性和规范性。

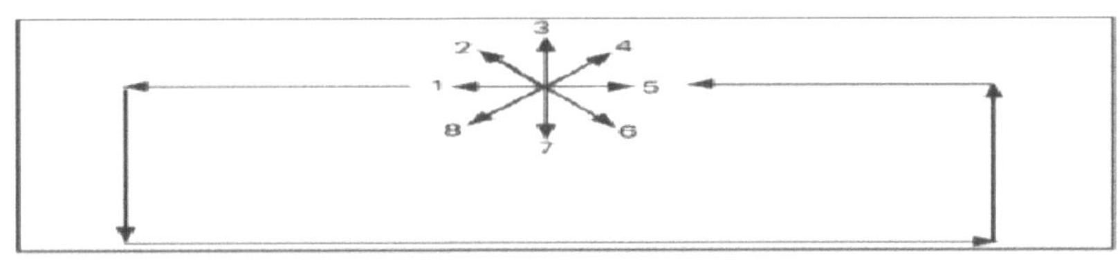

图 3-1 体育舞蹈舞程线及方位示意图

注：1. 面对舞程线；2. 面对斜墙壁；3. 面对墙壁；4. 背对斜中央；5. 背对舞程线；6. 逆对斜墙壁；7. 面对中央；8. 逆对斜中央（只要是沿着逆时针方向进行，任何一个点都分别对应八个方位）。

（五）“数理—逻辑智能”教学设计运用实施过程

学生在完成体育舞蹈规定的组合动作学习后，在分析动作的基础上，将所学的动作进行编排和展示，最后在期末考试中进行分组汇报。在将学习的舞蹈基本动作和规定套路整合时，学生还可以添加自己喜欢的不同类型的基本动作和高难度动作技巧，并巧妙地将其安排在动作组合的各个部分中，以开发逻辑思维和想象力。

（六）“自省智能”教学设计运用实施过程

教师在教授某种舞蹈动作单元课程设计时，通过内省思维的方法，改善学生思考问题的方式。之前没有接触过此舞种的学生易受到自身主客观因素的影响。通过某种舞蹈动作单元的课程设计，教师可以激发学生的潜能。结合教学实践，让学生养成观察、反馈和综合思考的习惯。通过教师的答疑，让学生认识到自己的学习问题和自身的不良习惯，学会有计划地调控自己的思维活动，设定学习目标并帮助自己实现目标。学生推理和自我反思能力的不断提高，提高了体育舞蹈组合学习的有效性。

（七）“语言智能”教学设计运用实施过程

“语言是思想的直接现实”，人们可以通过语言文字来表达自己的情感，如果没有语言作为桥梁，很难保证社会活动的有效开展。语言智能不仅在语言课程中发挥重要作用，在非语言课程中也有极强存在感。体育舞蹈作为一项竞技运动项目，必须保证学生具有良好的语言沟通能力。同时，舞蹈技术动作要领的讲解、动作组合编排的思路及主题意义都需要学生通过语言智能的引导，准确表达出自身想法。

第三节 教学组织与管理的实施

一、体育舞蹈课程教学模式

体育舞蹈课程的教学模式是在一定教学思想或教学理论的指导下，建立的较为稳固的体育舞蹈教学活动。它应指向和完成一定的教学目标，并和其他要素相互制约，它决定着教师和学生在教学活动中的影响及教学模式操作程序，同时它也是教学评价的尺度和标准。如果现有的教学模式不能很好地实现教学目标，其教学模式就应该被质疑、被优化或重新建立。

体育舞蹈教学模式的构成要素有如下五个。

（一）指导思想

体育舞蹈的教学思想和教学理论，如同建筑的基石，是构建有效教学模式的首要元素。它们不仅定义了教学的目标和方法，而且在很大程度上塑造了教学的整个框架。所有的体育舞蹈教学模式，无论是传统的还是现代的，都基于一套明确、科学的教学思想或教学理论基础。

教学思想是教育的灵魂，它为教学活动提供了指导性的原则和方向。例如，人本主义教学思想强调学生的主体性，鼓励学生在体育活动中自我发现和自我实现；而行为主义理论思想更注重通过明确的目标设定和反馈机制来引导学生的学习行为。教学理论则是教学实践的科学依据，它为教学设计提供了理论支持和实证证据。如认知心理学理论揭示了学生的学习过程，强调对理解、记忆、思考和解决问题等技能的培养。在体育舞蹈教学过程中，教师可以根据这些理论设计出更加符合学生认知发展规律的教学活动。

在构建体育舞蹈教学模式时，需要深入理解并批判性地分析各种教学思想和教学理论，以找到最适合特定教学环境和学生需求的教学策略。例如，我们可能需要学习行为主义理论思想的强化原理，通过奖励和认可来激发学生的积极性，同时借鉴建构主义理论，通过实践和探索来促进学生的深度学习。教学模式的构建还需要考虑社会、文化、技术等多方面因素的影响。在信息化、全球化的背景下，体育舞蹈教学模式应更加注重培养学生的思维创新能力、团队协作能力和跨文化交际能力。

（二）教学目标

教学模式的设计与创新，是体育舞蹈教育中的一项核心任务，它直接关系到教育质量和效果。在构建教学模式的过程中，首要的任务是明确教育目标。这些目标不应仅停留在知识的传递层面，而应涵盖更广泛的教育目的，包括技能的习得、思维的锻炼、情感的引导及人格的塑造等多个维度。

知识传授是教育的基础，但仅仅停留在知识的灌输上是远远不够的。在快速变化的现代社会中，学生需要具备自我学习和持续学习的能力，以适应不断更新的知识体系。因此，教学模式应鼓励学生主动探索，培养他们的自主学习习惯，使他们能够独立地获取和理解新知识。技能的培养作为一个重要的教学目标，不仅包括传统的读写算等基础技能，还包括信息处理、团队协作、沟通表达等核心技能。教学模式应设计各种实践活动，让学生在解决问题、完成任务的过程中，自然而然地习得这些技能。更为重要的是，教学目标中应注重思维的训练，尤其是创新思维和批判性思维。这需要教师设计开放性的问题，引导学生从不同角度看待问题，鼓励他们转变既定的观念，培养他们的质疑精神和创新意识。例如，可以采用案例研究、模拟实验、小组讨论等方式，让学生在实际操作中锻炼思维能力。情感引导是教育教学目标的重要组成部分，教师应关注学生的情感需求，创造一个安全、接纳的环境，让学生敢于表达自我，学会理解和尊重他人，可采取情感教育课程、心理辅导、同伴互助等方式。

教学模式的设计和创新是一个系统性、综合性的工程，需要充分考虑教育的多元目标，灵活运用各种教学策略，以适应不同学生的需求，激发他们的学习潜力，帮助他们全面发展。在这个过程中，教师的角色从传统的知识传递者转变为引导者、促进者，而学生则成为学习的主体，主动参与到自己的教育过程中。

（三）操作程序

任何体育舞蹈的教学模式都有一套独特的操作程序和步骤。具体包括应完成的任务，师生先做什么后做什么，要达到什么样的结果，应明确其时间顺序、内容、措施的步骤以及先后的逻辑关系或次序。

体育舞蹈教学模式，作为教育体系的一部分，有其独特的结构和流程。体育舞蹈的教学模式贯穿教学过程中的各个阶段，规定了教师和学生在特定时间应完成的任务及期望达到的最终目标。它是一个有序的、逻辑清晰的过程，旨在优化学习体验，提高教学效率。

首先，体育舞蹈教学模式通常从需求分析开始。这包括了解学生的能力水平，找到他们的强项和需要改进的地方，设定符合学生发展需求的教学目标。例如，如果学生在团队合作方面有所欠缺，教师应设计一些需要团队合作的教学活动，以提升他们的团队合作能力。

其次，进入教学设计阶段。教师需要确定教学内容，选择合适的教学方法和策略，如示范教学、游戏化学习等，吸引学生主动参与并强化他们的理解。同时，教师还需要将教学内容与实际生活情境相结合，使学生更好地理解和应用所学知识。

在教学实施过程中，教师应按照预设的步骤引导学生参与教学活动，包括热身活动、技能训练等。每个环节都要有其特定的目标和预期成果。例如，热身活动旨在唤醒学生的身体，预防运动伤害；技能训练则是为了让学生掌握必要的运动技巧。

同时，教学过程中也需要持续的反馈和调整。教师需要观察学生的学习进度，评估教学效果，及时调整教学策略以适应学生的需要，包括提供个别指导、调整教学节奏，或者引入新的教学资源来激发学生的学习兴趣。

最后，进入评估和反思阶段。教师应根据学生的学习效果评估教学目标的完成情况，同时总结教学过程中的成功经验和存在的问题，为下一轮的教学提供改进的依据。

（四）实现条件

实现条件主要包括教师、学生、教学内容、环境、手段、时间、空间等。各种条件的最佳组合或最好的方案可以有效促进体育舞蹈教学模式的有效发挥，使教师更好地运用和掌握教学模式，最终达到预期的教学目标。

教师是教学活动中的核心驱动力。他们不仅需要具备深厚的体育专业知识，还需要掌握教育心理学，理解学生的学习需求和动机，以激发学生的学习兴趣和潜力。学生是教学活动的主体，他们的学习态度、认知水平、身体状况及个体差异都会影响教学效果。因此，教师需要根据学生的实际情况，采取差异化教学策略，确保每个学生都能在适合自己的节奏和方式下学习。教学内容的选择和设计是教学模式的骨架。教学内容应符合学生的年龄特点，同时也要反映体育舞蹈的最新发展情况，以保持教学活动的活力和相关性。此外，教学环境和手段也是不容忽视的因素。良好的环境可以为体育舞蹈学习提供安全、舒适的练习空间；而恰当的教学手段，如现代科技的应用，可以增强教学的互动性和趣味性。时间与空间的管理也是体育舞蹈教学模式的关键。应合理安排教学时间，确保学生有足够的时间进行实践和总结。空间的合理规划能优化教学流程，应避免因空间问题影响教学活动的进行。有关教学的这些条件的组合并非一成不变，而是需要教师根据教学目标和实际情况进行动态调整。教学模式的灵活性和适应性是其能否达到预期教学目标的关键。

（五）教学评价

教学模式的构建是个多元化的复杂过程，其中，教学评价是不可或缺的环节。教学评价是教学活动的“晴雨表”，它如同一面镜子，反映教学过程中的优点与不足，为教师提供及时、准确的反馈信息，以便教师对教学策略进行必要的调整和优化。每个独特的教学模式都有其特定的评价方法和标准，这些方法和标准与该模式的教学目标、程序和实施条件紧密相连。

教学目标是教学活动的导向，它决定了评价的方向和内容。例如，如果教学目标是培养学生的创新思维，那么评价标准就应侧重于学生的独立思考能力、问题解决能力等方面。教学程序是实现教学目标的路径，不同的教学步骤和活动需要不同的评价方式来检验其效果。比如，项目式教学可能更注重过程评价，关注学生在项目实施中的参与度和进步情况。

教学条件是教学活动得以进行的环境和资源，包括硬件设施、教学资源、教师素质等，这些条件会影响教学评价的实施。例如，如果教学条件允许，可以采用数字化工具进行量化评价，以便客观、全面地了解学生的学习状况。

教学评价不仅应关注学生的学习成果，也应重视他们的学习过程和学习体验，包括对学生的知识掌握程度、技能应用能力、情感态度、价值观等多维度的评估。同时，教师的自我评价也是教学评价的重要组成部分，教师需要反思自己的教学行为，评估教学策略的有效性。

教学模式五个要素的地位和作用不同，其功能也不同，但它们环环相扣、密不可分，共同构成体育舞蹈教学模式。指导思想是教学模式建立的最基础的依据，对于其他四个要素起着一个导向作用；教学目标是整个教学模式的核心，它制约着操作程序、实现条件，也是评价教学的尺度和标准；操作程序是为完成该模式的步骤和过程；实现条件是发挥教学模式功能的一个保证；教学评价帮助教师了解教学目标的达成度，进而对师生活动方式和教学操作程序等进行重组或调整，进行教学反馈，确保教学目标的达成。

二、体育舞蹈课程有效教学策略

（一）重视体育舞蹈师资队伍建设

体育舞蹈师资队伍建设的核心问题在于教师，没有教师队伍质量的提升，就难以达到教育质量的有效提高。因此在体育舞蹈课程有效教学中，如何提升教师的质量显得格外重要。根据体育舞蹈课程特征与有关教学标准，体育舞蹈课程教师的素质要求如下。

1. 更新体育舞蹈教师的教学观念

首先，教师不仅要掌握过硬的体育舞蹈专项知识和技能，还要明确教学目标，做到科学规划专项教学设计。同时真正清楚自己的角色，明确自我定位，帮助学生更好地学习体育舞蹈技术技能。

2. 练好体育舞蹈专项教学基本功

体育舞蹈教学首先要讲解与示范，教师要准确而清晰地掌握不同舞种的技术特点、不同舞步的动作结构及其讲解思路。

3. 提高体育舞蹈教师课堂互动和交流能力

体育舞蹈教学是一个开放性的肢体参与技术学习的教学活动过程，教师与学生的互动与交流对学生主动参与并学好体育舞蹈具有重要影响。

4. 提高体育舞蹈教师的专项研究能力

体育舞蹈教学应积极研究专项基础理论、动作技术和教学方法等，并通过教学中的经常性反思与研究，及时发现问题和解决问题，努力提升自我专业素养，提高体育舞蹈教学质量。

（二）规范体育舞蹈课程教学内容及评价

规范体育舞蹈课程的教学内容及其评价，是实现体育舞蹈有效教学的重要途径。在教学内容上，首先，应从学生的实际情况出发，深入理解与灵活运用体育舞蹈有关教材。体育舞蹈教材作为教师进行体育舞蹈教学的重要依据，是教师选择教学内容的主要参考对象，所以规范而标准的专业教材是有效教学的重要条件。其次，从体育舞蹈基本动作入手，统一规范指定动作和规定套路。标准化的基本动作和规定套路，为体育舞蹈有效教学奠定了基础，对统一与提升学生的体育舞蹈技术能力起到有效的促进作用。最后，尝试开发体育舞蹈创新课程。在牢固掌握体育舞蹈基本动作和规定套路的基础上，尝试选择基于我国不同地方的特色文化及地域特色，编排能够有效激发学生融入体育舞蹈文化的教材，以此提升学生的体育舞蹈专项技能，并传承与发扬地方传统文化。在教学评价上，首先要在评价内容设计上采取全面化。既要考查与评价学生的体育舞蹈专项技能，又要培养学生对舞序创编的实践能力，同时还要考查学生的组织与集体协同能力。其次是要使课程评价主体多样化、过程动态化。可采用同学互评、教师点评等方式，客观指出学生技术中的错误，或及时肯定学生的每一次学习成效，从而有效地提升学生的各项能力。

（三）改革体育舞蹈课程教学方式

体育舞蹈课堂教学的有效运行，不能像传统体育项目教学那样仅是简单的“模仿式”“口令式”，它更加强调对音乐旋律的把握和节拍的切分及中段核心力量的转化等。所以，体育舞蹈课程教学方式应在其他传统体育项目教学方式的基础上注重以下几个方面。

1. 体育舞蹈课堂文化环境构建

每个舞种都有其独特的文化背景和音乐旋律，因此在课堂教学中要紧扣不同舞种的特有文化进行讲解与体验，为学生学习体育舞蹈创造一个更贴近舞蹈自身文化的课堂氛围。

2. 改变传统的教学口令指示，运用节奏鲜明的节拍切分口令

体育舞蹈不同舞种的精彩之处就在于其特有的节奏，因此在体育舞蹈教学中要学会采用不同节奏下的技能训练。比如，采用“8、4、2、1”式音乐节奏，也就是指把节奏放慢 8 倍、4 倍、2 倍和按正常节奏进行轮换重复练习，有效增强学生对动作技术的肌肉感觉，以促进学生准确把握动作节奏。

3. 以赛促练，重视文化建设

体育舞蹈学习，仅仅依靠课堂教学难以实现真正的有效教学，只有通过定期比赛或表演才能提高学生学习的积极性，才能提高学生编排舞序的创新性，才能提升体育舞蹈学生的实践能力。

（四）提升学生学习体育舞蹈的自主性

在体育舞蹈课程教学中应充分体现开放式教学特点，强调学生的主体地位，营造互动教学氛围，培养学生的学习兴趣，引导学生主动参与合作探究，加强理论结合实践能力培养。第一，明确不同专项基础学生的体育舞蹈学习目标，帮助其树立阶段性自信心。在多数体育舞蹈教学过程中，学生总是把预期目标建立在动态横向比较之中，导致自我迷失，看不到进步，容易出现自暴自弃的心态。所以，教师在教学过程中要善于观察并适时与学生沟通，帮助学生根据自身实际情况，建立不同阶段的差异性学习目标。第二，激发学生体育舞蹈学习兴趣和动力。从体育舞蹈表演与竞赛中看，学生展现出来的都是激情、活力，但在平时教学过程中，则是枯燥、乏味，这会导致学生对体育舞蹈课程产生厌恶与逃避情绪。因此，教师在体育舞蹈教学过程中要寻求合理的教学方法来激发学生的学习热情与学习兴趣，关注学生学习过程中的每个细节，并适时给予关怀。

（五）利用网络平台构建体育舞蹈课程的新型学习方式

利用网络平台构建体育舞蹈课程的新型学习方式，首先需要搭建完善的网络平台教学体系，给予学校和教师利用资源和学习新教学理念的充分空间。学校可以以自身资源为基

础，以推行网络平台教学、提高教师工作效率和学生学习效果为最终目的，联合其他学校、地方政府和相关企业共同搭建集教育培养、理论实践和项目孵化于一体的体育舞蹈课程教学体系。为了实现这一目标，学校可采用多种手段，例如引进网络平台教学工作带头人，并分批对本校教师进行相关培训，提高教师对于各类设备和软件的操作能力并开展网络平台教学。在“科教兴国，科技强国”的发展理念下，学校要尽快实现网络教学平台和教学体系的搭建，真正发挥好教育中的组织者作用。网络教学平台需以多方力量作为支撑，联合其他力量共同打造。学校应借助整合过后的具备一定可利用资源和共享信息并能实现互相帮助、互相合作的一体化平台，开展更多种类、更高级别、覆盖面更广的网络教学活动，以完善和丰富体育舞蹈课程的教学，同时让网络平台教学模式更具普遍性和基础性，多方面激发学生的学习兴趣。

第四章 体育舞蹈技术的教学与美学

第一节 体育舞蹈基础技能的教学要点

体育舞蹈是一项融竞技与艺术于一体的运动形式，以其独特的艺术魅力和严谨的技术要求，吸引了无数爱好者。在教学过程中，掌握并传授好体育舞蹈基础技能至关重要，这不仅关乎舞者的个人成长，更影响着体育舞蹈的传承与发展。本章将深入探讨体育舞蹈基础技能的教学要点，并进行实例解析，以期为体育舞蹈的教学实践提供参考。

一、基础步伐的精准掌握

每一种体育舞蹈，如恰恰舞、华尔兹、探戈舞等，都有其独特的基础步伐。教师应进行标准的示范，详细解析每个步伐的起始位置、步伐大小、脚尖指向等细节，让学生在模仿中理解并掌握。例如，华尔兹的基础步伐要求舞者保持优雅的身姿，脚步轻盈地滑动，这就需要教师反复演示，让学生感受并模仿华尔兹步伐中流畅的节奏感。

基础步伐是完成高难度、高强度组合动作的基础，比如，健美操的一字步、V字步。所谓技术的不断提高就是对基础步伐反复练习的结果。体育舞蹈的基础步伐是指体育舞蹈中结构类型比较简单、能够体现体育舞蹈风格特点、不可或缺的关键动作，是对技术水平提高起基础作用的舞步，是构成组合套路的基础。例如，伦巴舞铜牌套路中的扇形步、曲棍步、后退走步等都是基础步伐。

基本舞步是指体育舞蹈各舞种所必需的各种不同结构类型的典型舞步。掌握和提高基本舞步技术，可为掌握其他舞步动作打下良好基础。体育舞蹈基本舞步是由身体动作、手势动作、脚步动作构成的。基本舞步训练都包括身体动作训练、手势动作训练和脚步动作训练。

在教学过程中，教师不仅要展示正确的步伐，还要引导学生理解每种舞蹈的风格和情感表达。对于基本舞步的练习，不应仅仅是机械的重复，还应注重舞步与音乐的结合，让学生在舞蹈中找到旋律的节奏和韵律。教师可以使用慢动作分解教学等方式，逐步帮助学生掌握每个舞步的细节。此外，基本舞步的训练还包括对身体的控制和平衡感的培养。例如跳跃步需要舞者有良好的身体协调性和空中控制力，这就需要在练习中不断提升。

基于舞步分类结果，本书综合我国体育舞蹈学生训练实践与专家意见认为，在进行转动类舞步训练时，可选用拧转、轴转与轴转动作等元素与基本动作结合训练来夯实技术根基，通过双左旋转接连续轴转、双左旋转接双右旋转练习等复合能力组合训练，提高转动技术水平和连续旋转能力，并选用不同的节奏处理方式和舞步运行方向编排，搭配基本舞步和变向舞步进行综合训练。在进行线性移动类舞步训练时，从原地重心的滚动练习着手，以难度递增形式进行移动的元素与基础动作练习，进而过渡到线性移动类舞步的单一练习和组合练习，提高移动技术的运用能力，从而提升舞蹈整体的运动质感。在进行造型类舞步训练时，在进行拧转、倾斜、摆荡、移动等常规元素与基本动作练习的同时，依据超平衡和对抗平衡原则，选择合适的造型类舞步对个人和双人平衡与控制能力进行训练，同时辅以身体大线条的延伸舞步和倾斜造型类舞步，解决位置快速切换时身体不灵活与不稳定的问题。在进行特有舞步训练时，可根据学生技术水平和舞蹈风格，制定“个性化”储备训练方案，从各舞种的元素与基础动作逐步过渡到不同难度的能力训练组合与综合训练，使学生能够正确运用各舞种规定的足法、节奏和时值特性等，并通过观察、交流和学习国内外优秀学生舞蹈作品，探索不同舞种特有舞步的诠释与表达，尝试特有舞步的编创训练，促进学生舞蹈风格的生成和艺术表现力的提升。

二、身体协调性的培养

体育舞蹈不仅仅是脚步的移动，更是全身的协调运动。教师应引导学生关注身体的重心转移，强调手臂、躯干与脚步的配合，通过一系列的练习，如平衡练习、转身练习等，帮助学生建立良好的身体感知和协调性。

体育舞蹈强调舞者的身体协调性、柔韧性和力量，注重舞者的身体健康和心理放松，同时也是一项具有观赏性和娱乐性的表演艺术。通过对舞蹈动作的频繁练习和训练，不仅可以增强身体的耐力、灵活性和协调性，还可以提高身体的健康水平。芭蕾舞强调舞者身体的柔韧性和灵活性。芭蕾基础训练与体育舞蹈在很多方面都很相似，芭蕾基础训练作为身体素质训练和艺术训练的方式之一，与体育舞蹈的基础训练不谋而合。将芭蕾基础训练动作融入体育舞蹈，能够使舞者在表演中展现更高水平的技艺与表现力。通过扎实的芭蕾舞基础训练，舞者不仅能够展现优美的身体线条和灵活的舞蹈动作，还能够表达丰富的情感和内涵。芭蕾舞的拉伸和伸展训练，使舞者能够增强身体的柔韧性，扩大关节的活动范围，使舞蹈动作更加流畅、自然。这种柔韧性和灵活性的提升对于体育舞蹈非常重要，它可以使舞者在跳跃、转体等动作中更加灵活自如。另外，芭蕾舞有着严格的动作技巧和要求，如转体、跳跃和抬腿动作等。通过芭蕾舞的技术训练，舞者能够掌握这些动作技巧和转移方法，使得动作更加准确优美。这种动作技巧和转移的运用对于体育舞蹈的表现力和技术水平至关重要，可以使舞者在比赛或表演中展现更高水平的舞蹈技术。

三、节奏感和音乐感的培养

在教育的广阔领域中，音乐在舞蹈教育中扮演着至关重要的角色。教师不仅需要教授基本的舞蹈步法，更应致力于培养学生的音乐感知能力和情感表达力。为了实现这一目标，教师应精心挑选各种风格的音乐，涵盖不同的文化背景、旋律结构和节奏模式，让学生在丰富的音乐环境中学习舞蹈。

让学生在不同的音乐节奏中跳舞，是一种有效的听觉训练方式。例如，既可以选择快节奏的摇滚乐，让学生体验快速的步伐和强烈的节奏感，也可以选择慢节奏的爵士乐，培养学生对细腻节奏的把握。通过反复的听觉训练，学生会逐渐适应各种音乐节奏，身体能够自然而然地随着音乐的节拍舞动，而不再是机械地记忆舞蹈步骤。

理解音乐的情感内涵是舞蹈教育的另一个重要方面。音乐是情感的载体，每首曲子都蕴含着独特的情绪色彩。教师应引导学生深入理解音乐，如柔和的旋律可能代表宁静，激昂的音符可能代表热情，引导学生将音乐情感与舞蹈动作相结合，使舞蹈更具艺术表现力。例如，当音乐传达出悲伤的情绪时，学生可以通过缓慢、低垂的舞步来表达，使观众能够感受到舞蹈的深层意境。

教师还可以引入具体的音乐作品，如经典的交响乐或现代流行歌曲，让学生分析其音乐元素和情感主题，然后创作出与之相匹配的舞蹈。这种实践性的学习方法，不仅能够提高学生的音乐素养，还能激发学生的创新思维和艺术创造力。

四、舞蹈礼仪的教育

舞蹈作为一种艺术形式，不仅体现了舞者精湛的技巧和优美的身姿，还在很大程度上体现了舞者的修养和风度。无论是正式的舞蹈比赛，还是轻松的社交活动，良好的舞蹈礼仪都能使舞者在人群中脱颖而出，赢得他人的尊重和欣赏。因此，教师在教授舞蹈技巧的同时，不应忽视舞蹈礼仪的教育，要帮助学生在舞蹈的世界中展现更加全面的自我。

（一）正确的邀请方式

正确的邀请方式是舞蹈礼仪的重要组成部分，体现了舞者的教养和风度。如何正确地邀请舞伴，是一门需要精心研习的艺术。这不仅关乎个人的礼仪修养，更关乎对他人的尊重和理解。

男士在邀请女士共舞时，应展现出绅士的风度。男士不应粗鲁地拉扯或大声喊叫，这样的行为会让女士感到尴尬或不安。相反，男士应以温和的语气，礼貌地询问女士的意愿，例如，“如果方便的话，您愿意和我跳一支舞吗？”这样的邀请方式，既表达了诚挚的邀请之意，又充分考虑到了女士的感受。

女士愿意接受邀请时，同样需要展现出优雅的风度。她们可以微笑着点头，以示接受邀请的喜悦和对男士的尊重。如果女士不愿意接受邀请，也可以用礼貌的方式婉拒，如轻轻摇头并表示感谢。这样的回应，既避免了男士的尴尬，也维护了社交场合的和谐氛围。

（二）谢幕的礼仪

正确的谢幕方式，是一门需要精心学习和实践的艺术。首先，舞者应面向观众，这是对观众的直接回应，表示听到了他们的掌声、欢呼。然后，向观众微微鞠躬，这个动作既表达了舞者的谦逊，也表达了对观众的崇高敬意。在此过程中，保持微笑同样是至关重要的，微笑能传递出舞者在面对挑战或困难时的积极态度和对舞蹈的热爱。

目光真诚，是谢幕中的另一个关键要素。舞者应尽可能地与观众进行眼神交流，让观众感受到诚意和热情。这不仅能让观众感到被尊重和被看见，也能让观众更深入地理解和欣赏舞蹈。同时，这也是舞者向观众表明，舞台上的每一个动作、每一个表情，都是他们为观众精心准备的礼物。

此外，谢幕也是对同台表演者表达感谢的时刻。在舞台上，每个人都是不可或缺的一部分，他们共同创作出一场视觉和情感的盛宴。通过谢幕，可以向同伴传达感激之情，感谢他们在台上的每一次配合、每一次鼓励、每一次挑战。

（三）舞伴间的互动方式

在舞蹈的艺术世界里，舞伴之间的默契与和谐是舞蹈魅力的源泉。如同交响乐中的独奏者，在每一个音符、每一个节奏上相互配合，共同创造出动人心魄的旋律。在舞蹈中，这种默契的配合同样至关重要，而这一切在于良好的沟通和对彼此的尊重。

舞蹈并不只是个人技巧的展示，更是情感的交流。舞者需要在没有言语的情况下，通过微妙的身体语言来理解并回应对方的意图。这就要求舞者避免在舞蹈中大声指挥或责怪舞伴，因为这样会打破舞蹈的和谐氛围，影响舞伴的专注和表现。舞者应该学会用眼神的交流、手势的引导，甚至是轻轻的身体触碰，无声地传达“向左转”“向上跃”等指令，确保舞蹈的流动如丝般顺滑。

同时，舞蹈过程中对个人空间的尊重也是不可或缺的。每个人都有自己的舒适区，舞蹈中的紧密接触可能会让舞伴感到不适或紧张。因此，舞者需要时刻保持对距离的敏感度，确保每一个动作都在尊重对方的空间界限内完成。这不仅能让舞伴在舞蹈中保持放松和自信，也能让舞蹈的每一个瞬间都充满优雅和尊重。

例如，当跳起优雅的华尔兹时，男士需要通过轻轻的牵引，引导女士优雅地旋转，而女士则需要通过微妙的背部和脚踝力量反馈，告诉男士自己的步幅和节奏。在这个过程中，他们之间的沟通是无声的，但却是默契、和谐的。

在教授这些礼仪时，教师可以通过场景模拟、角色扮演等方式，让学生在实践中学习和理解。同时，教师也应该以身作则，展示良好的舞蹈礼仪，成为学生学习的榜样。

五、持续的实践和反馈

舞蹈教育不应局限于课堂上的理论学习和基础动作的练习，也需要持续的实践和反馈。教师的角色更应该是一个引导者和激励者，应该创造各种实践机会，让学生在真实的舞台上检验和提升自己的舞蹈技能。例如，定期组织模拟比赛，这不仅能让学生在模拟的竞技环境中提升舞蹈技巧，还能提前适应比赛的压力，培养他们的竞争意识和团队协作能力。举办舞蹈表演活动，可以让学生在演出中提升舞台表现力，增强自信心，也能让他们更好地理解和表达舞蹈的艺术内涵。

在实践中，教师的反馈也至关重要。这种反馈应该是及时的，以便学生能在有记忆的时候对错误进行修正；同时也应该是具体的，指出他们在动作执行、节奏把握、情感表达等方面的具体问题，而不仅仅是泛泛地说“你做得不好”，从而让学生明确自己的不足，激发学生自我提升的动力。

教师还应鼓励学生进行自我反思。可以引导学生在每次实践后回顾自己的表现，思考哪些地方做得好，哪些地方需要改进及如何改进，进而能帮助学生建立自我评估的能力，促进他们的自主学习和持续进步。

第二节 摩登舞的教学与形体美学

一、摩登舞起源与发展

人类在使用语言和工具来表达内心活动和想法之前，是用身体动作来表现的。当人们重复用手转动拍打或者用脚踏步的动作时，有节奏的动作式样应运而生，原始的舞蹈便由此产生。音乐存在于时间，绘画存在于空间，而舞蹈存在于时间和空间两个维度。

舞蹈学家库尔特·萨克斯在其著作《世界舞蹈史》中谈道：群舞是原始舞蹈的形式，环舞是群舞中最古老的形式。人类需要舞蹈，渴望舞蹈，任何场合都有舞蹈的存在，新生命的诞生、播种与收割、婚丧与祭祀、狩猎甚至月亮的圆缺盈亏都需要舞蹈，于是舞蹈成了人类的本能。进入奴隶社会后，原始舞蹈逐渐发展为各地的“民间舞”，即“土风舞”，这是在地区风情风俗、人类生活习惯、气候地形影响下形成的富含乡土风韵的舞蹈。

摩登舞是在古老民族的民间舞基础上逐渐发展演变而来的，源于欧洲的民间舞蹈及非洲的民族舞蹈，当时人们称其为“社交舞”或“舞会舞”。其雏形源自配对舞，后出现了民俗舞、圈舞、对舞，再到行列舞、集体舞等。14 世纪到 15 世纪，意大利出现了一种由五步组成的小步舞，后来法国国王在公开场合跳起了小步舞，使之开始流行。自 18 世纪巴黎创办了首家交际舞厅开始，这种社交舞蹈传播到了世界各地，至今一直盛行。英国人在对传统舞蹈和西方国家各类舞研究的基础之上，通过不断地进行加工美化，终于在 1925 年形成统称为摩登舞的四种舞的步伐，分别是狐步、华尔兹、快步和探戈。摩登舞有着悠久的历史，作为风靡世界的舞蹈，它的诞生具有特殊的时代背景，其每个舞种的起源也有着各自的差异。

（一）维也纳华尔兹舞和华尔兹舞的起源

在一些年代较为久远的书籍中，维也纳华尔兹舞和华尔兹舞常被统称为“华尔兹”，或者被叫作“快的华尔兹”与“慢的华尔兹”，究其原因，其实是维也纳华尔兹舞和华尔兹舞有着相近的起源。雷米·埃斯在其著作《华尔兹史话》中写道：“华尔兹是世界上最完美的舞蹈形式之一”。

华尔兹自 15 世纪就存在于欧洲，它的形成经历了近 700 年。从 12 世纪到 18 世纪中期，许多闭合式旋转舞蹈都对华尔兹的形成起到了基础性作用。其中，有的舞蹈在历史上留下了名字，比如，德国及奥地利地区的兰德勒（landler）、法国的沃尔塔（volta）等，也有的舞蹈没有留下名字，随风而逝。在这个时期，有一场运动不能被忽视，那就是文艺复兴。文艺复兴时期的舞蹈是多样的。中世纪时期，愉快而带跳跃性的平民舞蹈与贵族们跳的严肃舞蹈（低舞）有明确界限；文艺复兴时期，舞蹈被赋予自由、不拘一格的特征，人们开始在宫廷里跳由乡村传来的例如沃尔塔之类的民间舞蹈。

沃尔塔是一种三拍子的旋转型的关闭式的对舞，为了使舞伴能一起旋转，一般需要两个舞伴面对面相拥舞动。沃尔塔的英文“Volta”含有“转圈”的意思，根据其属性来看，维也纳华尔兹舞是由沃尔塔演变而来的。

“华尔兹”一词源于古德文“Walzel”，含有“滑动”、“滚动”或“旋转”之意，著名舞蹈史学家库尔特·萨克斯认为：华尔兹，18 世纪和 19 世纪在欧洲跳的那种起源于曾流行在德国的某种“旋转舞蹈”，更直接地讨论它可能是“landel（兰德勒舞）”。华尔兹是具有深远历史且生命力最强的舞蹈形式。兰德勒舞最早流行于 12 世纪的德国和奥地利乡间，17 世纪德国宫廷引入华尔兹舞，使之成为当时最流行的宫廷舞。18 世纪，华尔兹成为“欧洲宫廷舞之王”。20 世纪，经历了波士顿华尔兹变革的华尔兹再次以“慢的华尔兹”的新形式重新流行开来。

（二）探戈舞的起源

探戈舞的前身为探戈诺舞，最早起源于非洲中西部的黑人民间舞蹈，而后在阿根廷流行。19 世纪，随着大量移民涌入阿根廷，非洲和欧洲各自的民间歌舞逐渐与阿根廷的土著文化融合，演变成一种“带停顿”的新舞蹈。这种舞蹈又随着“波尔卡节奏”至“哈巴涅拉节奏”的演变，成为 2/4 拍的新舞蹈，即探戈舞。后来，由于地区风俗等因素又发展成多种流派：阿根廷探戈舞、英式皇家探戈舞、美式探戈舞、竞技型探戈舞等。现在探戈舞的国际标准是 20 世纪初期英国皇家教师舞蹈协会制定的。探戈舞与摩登舞的其余四个舞种相比，凭借其节奏对比强烈、舞姿豪放、脚法利落、舞步特殊的特点成为最“特别”的摩登舞，深受广大舞蹈爱好者的喜爱。

（三）狐步舞的起源

狐步舞最早起源于美国的黑人舞蹈文化，而黑人舞蹈文化的前身则是随意自由的街头舞蹈，它在保留非洲音乐特色的基础上融合了欧美音乐的优点，最终形成激情与活力俱在的新形式。维隆·凯萨夫妇是美国著名的舞厅舞专家，1900 年，他们发现马在行走的过程中姿态甚为优雅，步伐平稳、神态从容不迫就连跳跃时亦保持这种优雅。于是，他们夫妇模仿着马行走时的样子，编创了一种只有简单步伐的舞蹈。1913 年，美国舞蹈家哈利·福克斯在此基础上结合黑人爵士音乐编创了新的歌舞形式。这种新歌舞在第一次公开演出时就受到观众的热烈欢迎，观众高呼“FOX，FOX！”于是它便有了新名字福克斯舞，后迅速在欧洲国家流行起来。经过历史的演变，英国舞蹈家约瑟芳·宾莉结合爵士乐与福克斯舞的特点改编出 2/4 拍的舞蹈，即狐步舞的前身英式慢狐步。

（四）快步舞的起源

快步舞最早起源于黑人舞蹈的土风舞，在结合了查尔斯顿舞、希米舞和布莱克·波顿舞后形成国际标准的快步舞。早在 19 世纪初期，捷克民间舞波尔卡中就有快步舞的身影。20 世纪初期，早期的快步舞在结合了快狐步和芭蕾舞的动作后经过不断发展，才成为现在意义上的快步舞。第一次世界大战期间，快步舞在美国郊区得到了长足发展。其中，美国民间舞“Peep Body”被改编为快步舞，当美国的舞厅第一次出现快步舞时，它轻松明快的舞蹈风格立即走入人们的心中。直到20世纪20年代，英国皇家教师舞蹈协会将此前流行的舞蹈融合部分狐步舞特点，规范形成了现在的快步舞。

（五）摩登舞的发展

如今，我们看到的摩登舞，不管是竞技性的比赛或是表演性、娱乐性兼顾的舞会，每个舞种都是男女双人环抱关闭式的形式。随着欧洲进入工业化社会，城市的发展推动了文化的建设，舞蹈的地位水涨船高，工人们更喜欢跳华尔兹、探戈舞、狐步舞这些对舞形式的舞蹈。19世纪初，英国和法国的公共舞厅如雨后春笋般冒了出来，并且深受大众的喜爱，这些对舞形式被人们统称为舞厅舞，或者交谊舞，即Ballroom Dance。1950年，首届世界性比赛——黑池舞蹈节在英国举办。其实早在1920年就有过黑池舞蹈节的影子，但后来由于战争的爆发及乡村舞蹈的没落，舞蹈成了“奢侈品”，比赛规模又十分有限，便不得不停办。但首届黑池舞蹈节的举办给予了舞者们希望，舞蹈的竞技性特征逐渐显现出来，致使摩登舞得到了迅速的推广，随后世界各地的舞者们纷纷参与这项赛事，同时与其相关的各种舞蹈组织也随之成立。

摩登舞传入我国可以追溯到20世纪20年代，张德彝曾先后八次出使西方各国，在他的出使笔记中对西方舞会的盛况进行了记载：“英国茶会、跳舞会之盛，每年由三月至六月中旬止……凡人家店肆，平时大厅截为数室……收陈设，移桌凳，位置跳场乐所，虽大小公署亦莫不有大厅敞房，以备盛会。”作为出使的官员，经常被邀请参加舞会，因此他有很多机会见识到西方上流社会的舞会，这可以说是中国人最早认识西方舞蹈的途径。上海开埠通商以后，商贸得到发展，中西文化交流频繁，经旅华外侨和留洋人员的广泛传播，出现了首家由中国人创办的舞蹈教学机构，机构专门对西洋交谊舞进行教学。后来，交谊舞成为一种社交手段在上海流行。20世纪30年代，上海舞厅的发展盛况空前，在上海舞厅流行的舞厅舞便是摩登舞的雏形。

随着改革开放政策的实施和不断深入，有着异域风情的外国艺术丰富了人们茶余饭后的娱乐生活，交谊舞重新出现在人们视野中。改革开放初期的交谊舞还只是停留在模仿西方舞蹈的阶段，但明显可以看出与之前相比，男女舞伴之间的交流开始增加，并慢慢被人们接受。直到1986年，摩登舞以专业、严谨、规范化的艺术形式登上了中国历史舞台。

自1994年开始，我国高校逐步开设体育舞蹈摩登舞本科课程，国内选手通过参加国际大赛与国外高水平选手交流学习，使我国摩登舞水平登上一个新台阶。同时通过高水平摩登舞者频繁来中国表演比赛，不断地吸收、交流、学习先进的舞蹈技术使我国目前的摩登舞水平居于世界国际标准舞的前列。2007 年教育部为减轻中小学生的学习压力、提高身体素质和社交能力，开始推广校园华尔兹集体舞。校园华尔兹集体舞以独特的气质和观赏性高等特点深受广大学生的喜爱。与此同时，家长逐渐重视对学生兴趣的培养，这为我国摩登舞的发展奠定了良好的群众基础。

二、摩登舞技术动作演变分析

(一)握持技术动作演变

握持技术动作于 20 世纪 50 年代出现，至今发生了巨大的变化。舞姿内容由单一的标准舞姿发展至闭式位舞姿和开式位舞姿后，又增加了并退位置舞姿。舞伴距离也从面对面分开站立发展至身体躯干相接触。胸腰动作也从最初的无角度无胸腰动作逐渐发展至女舞伴打开 45° 角胸腰动作，再到如今的舞伴双方均展开胸腰动作，甚至需要形成一个合力的整体来产生共同的推力去进行移动或者转动。究其原因，在技术动作探索时期，我国改革开放的序幕逐渐拉开，我国走上了强国之路，改革开放成为社会主义事业发展的动力和源头，极大地解放了人们的思想，但受传统文化中男女有别思想的影响，男舞伴与女舞伴仍保持一定距离，但又有部分的身体接触即是思想解放萌芽的表现。而到了技术动作变革时期，改革开放也进入了新阶段，我国发生了巨大的变化。我国经济建设得到迅速发展，各项建设在逐渐完善，人们的思想解放也达到了新阶段，这在握持技术动作中同样得到体现，舞伴双方增加了躯干位置的接触，女舞伴可以进行女性美的展现。到了技术动作完善时期，社会生产飞速发展，我国开始站在历史的新时期上开展建设，人们的思想向着平等、开放、创新转变。伴随着 2008 年北京奥运会的成功举办，摩登舞也进入了发展的新时期。人们对于身体的认识逐渐深入，握持技术动作开始追求 3D 立体效果，躯干接触位置也增加至横膈膜和膝盖，胸腰动作所展开的角度也增加至男舞伴 15° 角、女舞伴 60° 角。为了更好地呈现舞蹈效果，舞伴双方需合作双方形成整体产生合力，这才有了舞蹈界对于握持技术动作“一个身体两个头部四条腿”的形象比喻。握持技术动作作为摩登舞技术动作的基础，它的演变直接影响了其他技术动作的改变。握持技术动作经历了三个时期实现了由平面至立体空间效果的展现。而由于接触位置的改变导致舞步行进的发力方式产生变化，从而促进了技术动作的多元化发展。

(二)移动技术动作演变

移动技术动作在演变过程中其步伐、步幅、脚法、身法、音乐、驱动、幅度、核心技术都发生了变化。步伐方面，技术动作探索时期仅有九个，技术动作变革时期新增了外侧换步、纺织步、行进旁步、五快步、追逐步、侧行并退步、六快跑步，至技术动作完善时期在原有步伐基础上增加了新的变形跳法来丰富移动技术动作。由于技术动作探索时期握持技术动作规定，舞伴双方面对面相距 15 厘米站立，导致舞伴双方舞蹈中所进行交流的位置仅有手部，故移动的方向仅靠男舞伴“手信号”完成。但摩登舞的握持技术动作规定了手应保持的位置，所以手部所能发出的信号仅是或推或拉，抑或是手部所给压力的强弱变化，导致最初的移动技术动作对于身法及驱动方面无法作出详尽的要求。而步幅即移动的距离也受此限制，只能在身体垂直轴范围内移动。也只有小范围的移动才能在舞伴双方配合极少的情况下随着音乐展示舞蹈。进入技术动作变革时期，握持技术动作增加了除上肢外躯干的接触，使舞伴双方在舞蹈中增加了新的交流，这为男舞伴运用身体信号引领舞蹈提供了新的可能性。技术动作完善时期，在舞伴双方握持技术动作合力的作用下产生了更大的能量，移动技术动作步幅能在能量的驱动下越过垂直轴的范围。

随着人们受教育的程度的提高，人们对身体的认知逐渐深入。其直观反映在移动技术动作中便是技术动作变革时期将脚分为脚掌与脚跟顺序出脚，且应用身体重心存在的主力腿和动力腿，并在技术动作完善时期引入极限脚尖和摆荡腿概念。身法与脚法共同作用产生移动，脚法的改变促进了身法的升级。在摆荡腿的作用下，摆荡身法在摩登舞中应用越来越多，横膈膜和腹股沟的引导作用更是成为摩登舞的重要组成部分。

移动技术动作发生变化还有一个重要的因素是摩登舞竞赛规则的变化。技术动作变革时期，竞赛评判要素由五部分构成：姿态和平衡、动作质量、动作与音乐、双人配合和编舞与表现。与技术动作探索时期相比，增加了对于双人配合的评判。这有效促进了舞蹈中双方架形幅度的变化及反身技术的出现。男舞伴作为舞蹈的引领方在移动前首先转动一侧身体给予女舞伴身体信号，使双方与移动的位置产生交叉发力点，增大了行进方向的驱动力量故步幅也随之增大。至技术动作完善时期，摩登舞竞赛规则更新为技术质量、音乐应用、舞伴间的配合、套路组合的展示等四个方面。与上个时期相比，评分大方面减少了，但增加了每个大方面下的细化指标。在技术质量中增加了足部技巧、身体动作、驱动动作、摆荡等，使脚法在脚掌脚跟外增加了新的位置，即极限脚尖位置；对舞蹈的摆荡作出了要求，从而使舞者在训练学习中提高了对于摆荡重要性的认知。音乐应用方面，在上个时期的音乐性要求中加入了更加具体的时值、拖曳节奏、音乐结构要求，要求舞者们对技术动作与音乐有更深的理解，从而可以将切分节奏应用在步伐中以升华舞蹈。例如，重拍加快动力脚出脚速度，在拖曳时值时延伸身体以饱满音乐。

优美的摩登舞要有“行云流水”般的效果，换句话说，摩登舞是移动中的舞蹈，舞蹈的流畅性离不开移动技术动作。移动技术动作的演变过程实现了由小范围、小空间向大范围、大空间移动的转变。作为摩登舞技术动作的关键部分，它为转动技术动作和造型技术动作的发展奠定了基础。

（三）转动技术动作演变

转动技术动作除因移动技术动作的变化所发生的脚法、身法、音乐变化外，步伐、倾斜、转度、驱动等核心技术均发生了变化。摩登舞技术动作探索时期，转动技术动作仅有8个，并且其中的踌躇步并没有转度。发展至技术动作变革时期，出现了双左旋转步、摇转步、分式左转步、右拧转、推转、陀螺转、盘旋交叉步和跳转步。摩登舞技术动作完善时期，转动技术动作虽没有新增步伐，但对原有步伐进行了更加适应赛场的增减小节变化或是加入新的跳法。转动技术动作的转度也发生了极大的变化，由技术动作探索时期的不规定转度到技术动作变革时期的详细要求转度，再到技术动作完善时期详细规定舞伴双方内外侧具体转度，这些变化归根到底是由于舞程线的变化而产生的。技术动作探索时期，舞程线仅有一条线，且对于舞蹈中的方位规定描述为左对、右对或是左向、右向。对于摩登舞者来说，舞蹈的自由性很高，舞者可以很大程度上在技术动作中加入主观思想，故无法对每个转动技术动作作出转度要求。但在比赛中每对摩登舞者之间的碰撞也变成了家常便饭。技术动作变革时期，中国体育舞蹈联合会（以下简称联合会）成立，制定了“竞赛规则草案”，将舞程线细化为A线和B线，长方形舞池的两条长线为A线，短线为B线，对摩登舞的组合编排提出了新的要求。为了更好适应舞程线，联合会对转动的方位角度作出了严格的规定，方位必须指示舞步方向，以每转动45°为一个方位，规定了八个方位方向，即面对舞程线、面对斜壁线、背对中央线、背对斜中央线、背对舞程线、背对斜墙壁、面对中央线以及面对斜中央线。技术动作完善时期，舞程线的发展进入了新的阶段，由2条线发展成长方形舞池的每一条边线——A、B、C、D线，这对转动技术动作转度的要求进一步提高。在这个时期，每个技术动作除了整体的转度要求，还对舞伴双方内外侧的转度进行具体的要求，从而实现更高质量的旋转。技术动作变革时期由于握持技术动作空间的变化使女舞伴的头部更向后侧伸展，所以在旋转的前进方向时，头部与身体产生了向后和向前的对抗力，而对抗力与大幅度的倾斜角度一起对旋转起到了推动作用，从而促进了“轴转”技术的出现。

技术动作变革时期，体育舞蹈评分规则更加注重舞蹈的动态平衡、静态平衡及舞蹈的内容体现，所以在转动技术动作方面更加注重转动的“转”。舞者在转动之前必须使身体倾斜幅度更大，利用倾斜力量做大角度的转动，这也是这一时期出现许多新的转动技术动作的原因所在。技术动作完善时期，体育舞蹈评分规则重点增设了摆荡和场地利用技能，因此将摆荡技术融入转动技术动作中势在必行，并且舞程线的增加丰富了舞动的方向，换线对舞者提出了更高的要求。评分规则还对舞伴间的配合提出了新的要求，握持技术动作将舞伴双方合成一个整体，仅靠男舞伴的力量已经无法让整体流畅地旋转起来，故女舞伴在转动中的驱动力量越来越重要，在运步过程中，双方交替驱动形成流畅的转动动作。摆荡所产生的身体惯性及身体驱动向前的力量促进了“撇转”的诞生，这就使转动技术动作与之前相比重心落差更大，转动中的移动距离也随之增加。步幅的增加注定无法完成大幅度的转动，所以这一时期的转动技术动作将转度分配给了每一步的移动，这样才使转动技术动作更加流畅，才有了“移动过程中的转动”。

高水平的摩登舞竞赛组合离不开高质量的转动技术动作。转动技术动作的演变过程既是旋转从无到有的过程，更是向流畅性舞蹈发展的过程。转动技术动作作为摩登舞的重要组成部分，连接其他技术动作向舞程线的新方向舞动，更像是舞蹈的“方向盘”，引导舞者走向更加精彩的摩登舞之路。

（四）造型技术动作演变

造型技术动作由摩登舞技术动作探索时期发展至摩登舞技术动作完善时期，其中，舞姿、步伐、倾斜、角度及音乐方面都发生了极大的变化。技术动作探索时期，摩登舞刚刚萌芽，甚至“摩登舞”一词被称为“国际标准交谊舞”，当时舞者们的研究重点在如何移动和如何转动方面，对于造型技术动作的认知尚在表面，故在技术动作探索时期，舞者的造型技术动作自由度极高，甚至还有舞会舞的影子。从研究资料中发现，当时的造型技术动作是允许开放型舞姿的，换句话说，舞者在舞蹈过程中可以改变握持技术动作的框架，舞者双方手位可以交叉也可以相握。

联合会的成立标志着技术动作发展进入变革时期，联合会成立后便在全国广泛开展摩登舞培训，并制定了《体育舞蹈竞赛规则草案》，我国首个体育舞蹈竞赛规则就此诞生，随后全国 30 多个省市相继成立体育舞蹈协会。联合会的成立在中国体育舞蹈发展史中具有标志性的意义，它既是体育舞蹈项目规范化的转折点又是其影响力提升的表现。伴随着相关组织机构的完善、制度的建立，摩登舞的发展也逐渐步入正轨。技术动作探索时期，开放式造型技术动作就此取消，取而代之的则为握持框架下的造型技术动作。无论是移动技术动作还是转动技术动作，技术动作变革时期的舞蹈跳的都是“1 ＋ 1=2”的效果，也就是说舞伴双方在舞蹈过程中仅保持自己的身体重心，“各扫门前雪”只做自己的动作，身体能量的分配更多是垂直重心，限制了造型的幅度，故造型中的倾斜幅度较小。

2008 年北京奥运会后体育舞蹈竞赛数量增加，我国摩登舞选手有了更多的发展机会，不断发现自我，在不断寻求突破创新的过程中促使造型技术动作迈入了新的阶段。舞者们意识到了团队的重要性，“1 ＋ 1=2”已经不能满足新时期的技术要求。男舞伴给女舞伴一个支点或是辅助的对抗力量，女舞伴便可在“牢固的地基”上构建更完美的“建筑成果”

或者借助男舞伴的力量创造更大的造型空间。“断裂式倾斜”便是在大幅度的移动、转动和摆荡及结合重拍音乐上产生的。除身体自然倾斜外，舞者通常在舞池的角落选用断裂式倾斜造型来展示高超的舞技。越来越多的舞者在探索属于自己的舞蹈风格，抑或是将情绪融入技术中产生新的技术动作。最典型的莫过于西班牙拖步，西班牙拖步出现于技术动作变革时期，在重心到达主力腿后，迅速甩头，女舞伴胸腰动作打开45°角，身体重心保持在低位直至被男舞伴拉高，以突出“拖”的重点。发展到新阶段后，舞者们更善于利用其他的“武器”，例如身体和音乐。探戈最初是情人间的舞蹈，新时期在西班牙拖步里多了一种新的解读方式，将“挑逗”最大化呈现。在第一个造型打开后，舞伴双方仿佛受到互相的“吸引”，情不自禁地头部靠近，但靠近到一定距离后，又好像碰到那“带刺的玫瑰”便立即远离对方，然后带着“抗拒”甩开胸腰。

造型技术动作作为摩登舞竞赛组合中锦上添花的部分，是在握持技术动作内，由移动技术动作和转动技术动作共同作用产生的，也可以说每次摆荡、每次倾斜都是一个造型。造型技术动作像一个“综合体”，它的演变过程可以看作摩登舞演变的缩影，从萌芽到流行，由简至繁，不断发展、不断创新，散发出双人舞迷人的魅力。

三、摩登舞的教学

摩登舞的教学应从基础步伐开始。教师需要耐心地指导学生掌握每种舞蹈的基本步伐和节奏。例如，华尔兹的“三步走”、探戈舞的“切步”等，都需要通过反复的练习来形成肌肉记忆。同时，教师应强调舞蹈的姿势和身体的平衡，使学生在移动中保持稳定和优雅。

摩登舞的教学不仅要注重技术的传授，也要注重舞蹈感觉的培养。教师应引导学生去理解每种舞蹈的情感表达，如探戈的激情、狐步舞的轻松、快步舞的活力等，让学生在舞蹈中表达自我。这需要教师通过示范和讲解，让学生体验舞蹈的内在韵律和情感色彩。

摩登舞的教学还需要注意与舞蹈的配合和交流。在双人舞中，舞伴之间的默契和沟通也至关重要。教师应教授学生如何通过眼神、手势和身体语言与舞伴交流及如何根据对方的动作作出相应的反应，达到舞蹈的和谐统一。此外，为了使教学更具吸引力，教师可以引入各种教学手段。例如，通过播放不同风格的摩登舞音乐，让学生感受不同舞蹈的氛围；使用视频分析，让学生能从第三方视角观察自己的舞蹈动作，找出需要改进的动作；组织舞蹈工作坊或比赛，激发学生的学习热情和竞争意识。

摩登舞的情境教学是通过让学习者置身于具体的情境中，使其能够在实际应用中学习和解决问题。摩登舞情境教学内容设计的理论依据是情境认知理论、建构主义理论和实用主义理论，基本教学原则是开放性、引导性、趣味性和实践性等原则，它们为摩登舞教学内容中富有挑战性、真实性与合作性的情境提供了依据。在开始情境教学之前，要确保教学目标明确，与课程内容密切相关。情境教学的基础在于创造一个真实的情境，让学生能够在其中应用已学知识和技能，并学习新的教学内容，以确保情境与学生的现实生活经验相关，激发学生的兴趣和参与感。在情境教学中，教师应随时观察学生的表现、参与和交流情况，及时给予指导和帮助，还要持续评估学生的学习进度，要科学、合理地创设情境进行教学，并根据实际情况进行及时调整和改进。只有不断地关注学生的反馈，才能给学生提供更有效的教学体验。情境教学法作为一种新的教学理念和方法，虽取得了良好的教学效果，但在实际操作中，还应该与其他教学方法相结合，综合运用多种教学方法，达到最优的教学效果，以利于促进学生知识技能的掌握和教学质量的提升。

四、摩登舞的形体美学

体育舞蹈是通过人体具有韵律的动作表现出来的，并因男女的身体形态差异而展现不同的美学特征。体育舞蹈中男子健壮有力、修长稳健的体态和女子匀称有致、曲线优美的形体，突出了性别美的和谐与统一，给人以崭新强烈的审美体验。体育舞蹈中选手把丰富细腻的情感融入全部的形体动作之中，塑造出各种美妙的意境组合，体现出美的形体、美的姿态、美的造型。他们以精湛的舞蹈技艺、默契的相互配合、精心的组织编排展现体育舞蹈的艺术美。如快步舞表现出轻快活泼、轻盈敏捷及愉快的精神面貌；狐步舞中的羽毛步，恰似狐狸走路，流畅轻柔如行云流水。通过欣赏体育舞蹈男女选手的表演，使人们意识到蕴藏在体育舞蹈中动人的人体之美。体育舞蹈对选手身体的基本姿态要求很高。在运动过程中必须眼平视、直颈、展肩、立腰、收腹、松膝、收臂等，这就在无形中要求选手去严格控制自己的姿态、韵味，做到一迈步、一举腿、一抬头、一挺胸都能给人以美感。因此，通过科学而严格的体育舞蹈训练，可以促进身体的健美发育，从而获得匀称的形体、优美的姿态、强壮的骨骼、发达的肌肉、秀丽的皮肤和健康的气色，塑造健美的体形。

摩登舞起源于20世纪初的欧洲，是社交舞与芭蕾舞的融合，它汲取了芭蕾舞的优雅，又融入了现代舞的自由与创新。这种舞蹈形式强调身体的流动性和线条的美感，舞者在舞动中展现出力量与柔韧的完美结合。每一个转身、每一次跳跃，都仿佛在诉说着无声的故事，传递着深深的情感。

在摩登舞中，形体的美学主要体现在舞者的身体姿态和动作的协调性上。舞者需要身体的每一个部位，从手指尖到脚指尖，都展现出细腻的控制力和表现力。他们的动作流畅而有力，如同音乐的旋律在空气中划出美丽的弧线。这种形体的美感，让人联想到雕塑家手中的陶土，随着舞者的每一个动作，在塑造着一幅幅动态的艺术作品。此外，摩登舞还注重舞者与舞伴之间的默契配合。在双人舞中，舞伴间的微妙互动，如眼神的交流、身体的接触，都是舞蹈语言的一部分，都有着一种独特的默契感和和谐美。这种默契的配合，仿佛是无声的对话，让观众感受到了超越言语的情感交流。

摩登舞的形体美学，还体现在对身体和心灵的修炼上。它要求舞者有高度的自我意识，要求舞者通过舞蹈来认识自我、挑战自我，实现身心的和谐统一。同时，它也是一种情感的释放，舞者通过舞蹈表达内心的情感，释放压力，找到自我与世界的和谐。

第三节　拉丁舞的教学与形体美学

一、拉丁舞的起源与发展

（一）拉丁舞的起源

拉丁舞起源于拉丁美洲，是展现拉丁美洲人民精神和生活风貌的民俗舞蹈。15 世纪哥伦布航海发现拉丁美洲后，西班牙、葡萄牙等西方殖民者随之而来，开始在美洲大陆建立城镇，掠夺土地和黄金，对当地土著人民进行残酷奴役和剥削，造成大量当地土著人民死亡。为补充劳动力，西方殖民者开始贩卖非洲大陆的黑人到巴西，罪恶的黑奴贸易由此开始。西方殖民者不断扩张的步伐，将欧洲诸国的音乐舞蹈也带入了美洲大陆，并与当地土著印第安人和非洲黑人的音乐舞蹈相融合，这不同的三种文化经过几个世纪的交融逐渐形成了风格绚丽的拉丁舞。拉丁美洲的当地土著长期以来饱受殖民和战争的侵扰，在不同外来文化的影响下形成了及时行乐的民族性格，因此拉丁舞节奏活泼鲜明，音乐丰富多变，感染力极强。男女双人搂抱为常见的表演形式，臀部动律丰富，步伐简易，容易参与，以男女之间传情达意的舞蹈情绪为主，具有极强的自娱性和社交功能。拉丁舞中各个舞种具体的起源地区、音乐节拍、舞蹈风格均不相同，各具特色。

伦巴舞起源于古巴，音乐节拍为 4/4，每分钟约 27 小节，是拉丁舞中节奏速度最慢的一支舞蹈。古巴人民喜欢头顶东西行走，因此胯部会向身体两侧扭摆保持平衡，胯部的扭动具有舞蹈韵味。在此基础上，古巴人民又对该生活形象进行艺术加工，从而发明了伦巴舞，再配合上缠绵的音乐，舞态柔美、体态婀娜，充分展示了女性优美的胯部和臀部线条；男女共舞的形式，也展示了两性之间若即若离、缠绵浪漫的状态。

恰恰舞起源于墨西哥，其节奏每分钟约 31 小节，其音乐节奏常使用断奏来制造诙谐感，节奏速度明快。在跳恰恰舞时，人们喜欢在舞蹈中模仿企鹅行走，因此恰恰舞的舞蹈风格非常干净利落，风趣幽默。

牛仔舞起源于美国，音乐节奏极其欢快，是对体能消耗极大的一支舞蹈。第二次世界大战期间，美国海军时刻笼罩在战争的恐慌之下，及时行乐成为他们的生活信念，所以异常欢快活泼的牛仔舞便受到了美国海军的喜爱。在航行的船上舞蹈，左右晃动厉害，士兵们需要双脚不停移动来调整重心，久而久之，形成了牛仔舞摆荡跳跃的舞蹈特征。

桑巴舞起源于巴西，是巴西的国舞，其节奏每分钟在 51 小节左右，其音乐切分节奏丰富，摇曳跳跃、动感十足。桑巴舞鲜明的舞蹈特征是胸部、臀部的画圈运动，所以桑巴舞动感摇曳，对胸部、臀部张扬的刻画让舞蹈看上去非常的性感。

斗牛舞起源于法国，发展于西班牙，其节奏每分钟 62 小节，是拉丁舞中节奏最快的一支舞蹈。斗牛舞音乐是西班牙斗牛士风格的进行曲，音乐风格激昂雄壮，其音乐表现形式与西班牙军乐曲如出一辙，节奏行进感极强。斗牛舞是描绘斗牛士手持红色斗篷与牛相斗的场景。在舞蹈中，男士扮演斗牛士的角色，女士扮演牛的角色，双方的舞蹈动作一直在激烈地行进，情绪激昂，充满焦灼、反抗，可见斗牛舞是一支舞蹈风格豪放强悍、令人振奋的拉丁舞。

(二)拉丁舞的发展

在 19 世纪末 20 世纪初，随着战争的扩张和经济的发展，拉丁舞便以其独特的魅力在全球的舞厅中风靡起来。从 20 世纪爱情电影中主人公们在舞厅中跳着曼巴、丹松等拉丁舞，可以看出当时拉丁舞作为舞厅舞的风靡程度。20 世纪初，英国皇家舞蹈教师协会开始着手从舞厅舞中选取极受欢迎的舞种，进行舞姿、舞步和跳法的系统化规范，规范后的舞蹈统一命名为“国际标准舞”，并举行相关专业的比赛。起初英国皇家舞蹈教师协会选取了七种舞蹈，其中包括华尔兹、探戈舞、维也纳华尔兹、狐步舞、快步舞、伦巴舞、布鲁斯。这七种舞蹈大多属于欧洲本土舞蹈，只有探戈舞和伦巴舞属于拉美舞蹈。第二次世界大战后，英国皇家舞蹈教师协会开始对舞厅舞中的拉丁舞作出规范和整理，并将其纳入“国际标准舞”的范畴，经过英国皇家舞蹈教师协会多年的努力，最终整理出了恰恰舞、牛仔舞、桑巴舞、斗牛舞、伦巴舞五支拉丁舞蹈，在“国际标准舞”中，这五支舞蹈统称为“拉丁舞”，于 1968 年正式被列入“国际标准舞”的比赛项目。被规范的拉丁舞借鉴了摩登舞、芭蕾舞、现代舞等舞种的部分技术内容和表现形式，经过一系列的借鉴融合，当今的拉丁舞已成为一种全新的舞种，与拉丁美洲的民俗舞蹈相去甚远。在赛事的竞技属性的要求下，起源于舞蹈的“国际标准舞”因其体育特征的日益显现而被划为了体育项目，后被称为体育舞蹈。

拉丁舞的发展离不开国际上的两大体育舞蹈运营组织——世界舞蹈总会（World Dance Council，WDC）和世界体育舞蹈联合会（World Dance Sport Federation，

WDSF），它们管理着拉丁舞赛事的举办、教材的更新发布以及教师与学生的资格考核，并负责在全球推广拉丁舞。在这两大运营组织的带领下，全球各地区还成立了大大小小的局部地区的运营机构，负责当地的拉丁舞赛事举办、教学和考核。

WDC 是迄今为止历史最为悠久的体育舞蹈组织。该组织以“传统保守”为价值理念，极其强调拉丁舞的艺术表现力。WDC 旗下的“黑池舞蹈节”是其最负盛名的赛事，已有近百年的历史，于每年 5 月在英国黑池的皇家宫廷舞厅冬季花园举行，起初只是吸引欧洲舞者们前来参赛。随着其不断的发展与推广，如今黑池的舞池是全世界拉丁舞者向往的殿堂。

WDSF 前身是国际体育舞蹈联合会（International Dance Sport Federation，IDSF），IDSF 起初也属于 WDC 组织，负责业余赛事举办以及业余教师和学生的考核，随着体育舞蹈的发展，其体育竞技属性日益展现，IDSF 为了更贴近业余人群的需求，开始朝着体育竞技性的方向发展，不断优化、改革评判规则，以将体育舞蹈能跻身奥运会项目作为努力目标，这与 WDC“传统保守”、更强调艺术表现力的价值理念渐行渐远，于是 IDSF 便逐渐脱离 WDC，于 2011 年正式更名为 WDSF，成为独立的拉丁舞运营组织。WDSF 旗下的赛事是以巡回积分赛的方式进行，以选手积分排名进行年底总决赛。巡回赛会在各个协会成员国进行，这样的赛制更好地在世界各地宣传了体育舞蹈，同时 WDSF 非常善于利用现代的网络影响力。大大小小的比赛都有电视转播、网络转播，所以 WDSF 赛事的参赛人数和观看人数都十分惊人，此举极大地推动了拉丁舞在世界各地的发展。

二、拉丁舞技术的发展分析

拉丁舞起源于拉丁美洲，其动作的要领都在于腰胯的“8”字形摆动，分为恰恰舞、桑巴舞、牛仔舞、斗牛舞、伦巴舞。每一支舞都有各自的特点。

伦巴舞起源于古巴，音乐为 4/4 拍，节奏是 two，three，four，one。每个数字为一拍，其速度大概为每分钟 27 小节。伦巴舞的特点是：舞态柔美、音乐缠绵、舞步婀娜多姿。在古巴西时代，为了使舞蹈完美地呈现，人们常在头上顶着东西行走，用胯部向两侧扭动来保持身体平衡。伦巴舞是现代情调与古代风格的融合，舞蹈中肢体缠绵妩媚，音乐浪漫优美，充满着浪漫的情调。

恰恰舞起源于墨西哥，和伦巴舞一样，音乐为 4/4 拍，节奏是 two，three，chacha，one。其速度是每分钟 31 小节左右，每个数字占一拍，恰恰舞各占半拍。恰恰舞跳起来活泼可爱，节奏感强，在世界广为流传。

桑巴舞起源于巴西，音乐为 4/4 或 2/4 拍，其速度每分钟 51 小节左右。桑巴舞的特点在于音乐感强、舞态动感十足，多变的舞步得到了人的喜爱。

牛仔舞起源于美国，音乐为 4/4 拍，其速度每分钟 43 小节左右。牛仔舞的特点是节奏很快、步伐轻盈、舞态风趣，逐渐得到了越来越多人的认可。

斗牛舞起源于法国，却在西班牙得到了更好的发展，音乐为2/4拍，速度每分钟62小节左右，阳刚味十足，舞态豪迈，得到了人们的钟爱。

拉丁舞有着严格的规范性和高超的技巧性，对艺术内涵和表演观赏都很注重。作为拉丁舞中最具代表性的舞蹈——伦巴舞，被誉为 “拉丁之魂”。舞蹈初学者一般都会将伦巴舞作为第一支舞来学习，伦巴舞的音乐柔美缠绵，在跳舞时能充分显现出舞者的柔美曲线。伦巴舞表现力极强，技巧性也很难把握，是与舞蹈关联最大的舞种。伦巴舞中要运用到“8”字形的摆动，要灵活地运用后背的肌肉，由身体带动胯部再带动腿。其中主力脚的踩、转、推、擦地经过地板，使腹股沟反作用展开，将半重心移到全重心。除了身体姿态，腿型和脚型也是影响拉丁舞的主要因素，例如，每次都要经过主力腿再进行辅助腿出腿，不能直接跳过这一步骤，脚要绷紧，后跟抬离地面之后再出腿，这样拉丁舞才能更加完美地展现。姿势、结构和动作是构成拉丁舞不可缺少的因素，只有将其有机地组织在一起，才能取得统一的效果。当然要做到最好，还要经过长时间反复的练习。

拉丁舞的起源最早可以追溯到19世纪末的加勒比海地区，当时的舞蹈形式深受非洲、欧洲和土著文化的影响。早期的拉丁舞，如桑巴舞、恰恰舞和伦巴舞，主要在社区的庆祝活动中表演，舞蹈动作自由，注重舞伴之间的交流和情感表达。然而，这些舞蹈在20世纪初被引入欧洲的社交舞会中，开始受到规范化的训练和编排，从而成了现代拉丁舞的基础。

20世纪30年代，国际舞蹈组织开始对拉丁舞进行标准化，制定了严格的舞蹈步骤和规则，包括身体姿态、步伐转换、节奏感和舞蹈表情等。这一时期，拉丁舞开始在国际舞蹈比赛中出现，如英国的黑池舞蹈节，进一步推动了拉丁舞的技术发展和全球传播。

20世纪中叶，随着电视和电影的发展，拉丁舞通过屏幕进入了大众视野。如电影《雨中曲》和电视节目《舞林大会》等，将拉丁舞的激情和活力展现给全世界，激发了更多人学习和欣赏拉丁舞。同时，职业拉丁舞者如弗雷德·阿斯泰尔和吉恩·凯利等人的精湛表演，也为拉丁舞的技术创新和风格多样化作出了重要贡献。

进入21世纪，拉丁舞的技术和风格继续发展，融合了更多的现代元素和创新理念。例如，街舞和现代舞的元素被引入拉丁舞中，创造出如拉丁爵士、拉丁街舞等新的舞蹈形式。此外，拉丁舞的教学和训练也日益专业化，许多舞蹈学校和工作室提供了专门的拉丁舞课程，帮助舞者在技巧、力量、灵活性和艺术表现力等方面进行全面提高。随着时代的发展，人们对舞蹈技巧方面的要求也越来越多，使得舞蹈表现形式越来越复杂。目前，在舞蹈比赛中，越来越多舞者的关注点在于不断加大舞蹈的难度系数，尽管更多高难度的动作被创作出来，但似乎有些脱离舞蹈内容之外的倾向。舞蹈的发展不能仅依靠加大技巧难度，其艺术性不能被忽略。舞蹈的价值不只在于动作要达到什么难度，还要看舞蹈中所表现的艺术水准。所以在拉丁舞后期的发展过程中，人们有意在创作和编排中加入艺术的元素，将艺术融入舞蹈的动作技巧中，让技巧服务于内容。

（一）单人技术

拉丁舞是一种技术性很强的舞蹈，它除了单独完成单人动作，更重要的是双人之间的配合，二者是相辅相成的。舞伴之间的配合需要建立在单人技术动作的基础上，方能完成更高质量的配合。拉丁舞的单人技术分为三类：重心的转换、音乐的控制、身体的转换。

1. 重心的转换

拉丁舞分为五支舞，包括恰恰舞、伦巴舞、桑巴舞、牛仔舞、斗牛舞，五支舞有一个共同点：都需要通过主力脚与动力脚之间的重心交替转化来完成。重心的转化分为三类，即左脚重心、右脚重心、两脚之间重心。一般选手和优秀选手的区别就在于重心到位是否迅速，重心转换是否清晰明确，重心的转换是否通过脚踝的力量推动产生。

2. 音乐的控制

拉丁舞是一支音乐节奏性极强的舞蹈，无论是初学者、一般选手还是优秀选手，首先要做的就是对音乐的把握。把握音乐要注意两点：时间值（Timing）和节奏（Rhythm）。时间值与节奏是两个不同的概念，节奏是考验一个选手的舞蹈是否符合音乐旋律，对应的节拍是否准确，而时间值则是考验选手的出脚速度和身体到位速度的快慢。

3. 身体的转换

目前拉丁舞发展十分迅速，很多业余机构不断兴起，但是业余机构教师并不注重学生身体转换的教学和培养，导致很多学生到一定程度后舞蹈成绩易受到阻碍。身体的转换能力提高并不只对单人技术动作重要，对于双人的舞蹈动作也是至关重要的。

（二）双人的配合技术

1. 闭式位配合技术

闭式位是指男女舞伴共同搭建的整体框架，男生的左手与女生的右手呈 90° 自然握持，男生的右手并掌放置女生的左肩胛骨下方，女生的左手放在男生的三角肌上，呈弧形状的框架，这个框架便是所谓的闭式位架形。男女舞伴需要在这个固定的架形中做配合动作，而这个配合的原理便在于男女生的身体转换，通过身体的转换将力量传递到手臂，力量通过固定的架形给对方信号以及力量。

2. 开式位配合技术

开式位是拉丁舞中最常见也是最多的一种形式，这种形式贯穿了五支舞的连接及配合，这种配合是需要力量以手臂为连接给对方信号及力量。比如伦巴舞中的扇形位打开，这是一种最常见也是最为经典的开式位，男生在给女生信号的过程中，并不是单纯地依靠手臂和手给女生传递力量，而是通过移动将右脚重心移到左脚，身体进行转换产生力量，以手臂为媒介将力量传递给女生。女生收脚转换重心之后，也是需要身体的转换再次将力量回递给男生，只有这样才能顺利完成下一个动作的连接。

三、拉丁舞的教学

拉丁舞具有极高的艺术性和观赏性。作为一种以节奏为中心、以律动为基础的舞蹈，学习拉丁舞不仅有利于锻炼学生的身体素质，还能培养学生对音乐的理解。

从具体的拉丁舞教学内容和教学情况来看，影响拉丁舞教学效果的主要因素包括拉丁舞技术动作的难度、学生自身的能力、舞伴之间舞蹈能力的差异、教师的专业性、学生的学习时间等。其中，技术动作难度对拉丁舞教学效果的影响最为明显。对于基础较为薄弱的学生而言，拉丁舞专业动作的技术难度较高，在双人拉丁舞教学中，对男女舞伴之间的配合度的要求也较高。如果学生未能对相应的技术动作产生深入理解，拉丁舞练习的难度就会增大。

目标教学法是一种基于明确的目标指引来开展教学活动的方法。该方法在实际应用中强调目标对个体行为的引导作用。由于不同课程所涉及的领域和性质不同，因此其实际的课堂目标也不同。在实际教学中应用目标教学法，强调在结合课程的整体性质和要求，提出总体教学目标的基础上，对目标进行层层分解，具体分为课堂导入、目标引导、目标实施、目标评价四个环节。在课堂教学中，依据上述环节对课堂时间进行安排与划分，能够根据分解目标与总体目标之间的所有属性，构建具有整体性的课堂教学体系。在此过程中，学生可以通过参与各种教学活动来实现教学任务中的主要目标，从而提升自身的专业知识和能力。将目标教学法用于拉丁舞教学中，能够以目标为导向，为拉丁舞教学的开展提供更加科学的依据。

在课前准备阶段，教师应结合拉丁舞专业类型的差异和技术动作的难度，以单元的形式对拉丁舞课程教学的内容进行划分。在课程教授初期，教师要告知学生这一学期拉丁舞课程的总体教学内容和教学计划。在具体的拉丁舞课程教学准备阶段，要让学生明确本节课的教学重点和难点。教师在检查学生课前预习情况的过程中，要能够依据学生的反馈，对具体的教学内容进行优化和调整，并将其作为规划课堂教学内容的主要依据。

进入课堂教学阶段后，首先是热身运动环节。教师需要依据拉丁舞热身活动的内容，设计 10 个 8 拍的热身活动组合；在学生活动好关节后，教师应播放与拉丁舞相匹配的音乐，让学生围绕教学场所跑圈，在此过程中，教师要引导学生变换步伐。在此基础上，教师应结合学生的实际情况，适当增加一些有关核心训练和素质训练的热身运动，进而引导学生复习在以往课堂中学到的拉丁舞动作技巧。

在正式授课环节，以针对学生的拉丁舞元素训练为课堂教学的总体目标，教师首先要通过点地组合的方式来训练学生的拉丁舞表演姿态，通过前、旁、后三个方向的点地及擦地练习，强化学生的下肢力量。根据学生的学习情况，教师可以适当地让其配合芭蕾舞中的七位固定手位进行练习。在这一部分的学习结束后，还需要通过身体和乐器打击训练的方式来培养学生的节奏感和情感。

在节奏练习过程中，教师应依据学生选择的拉丁舞类型来开展相应的节奏训练，根据节奏训练中舞蹈音乐类型的不同，结合器乐来对学生进行训练。这一阶段以融合学生的韵律节奏和体态表现力为主要目标。

在姿态训练环节，教师需要向学生讲解拉丁舞中男女舞者的动作技能技巧，将姿态训练与力量训练结合起来，强调扣和挤压动作及男女舞者协调配合的重要性，让学生能够在持续训练中掌握拉丁舞的动作频率要点和技巧规律。

在重心组合训练环节，教师应围绕与拉丁舞原地转换组合和重心前后左右横移两个方面的基本内容来引导学生加强训练。在完成各项具体的动作技巧教学后，教师应通过组合训练的方式引导学生将律动、转动、移动三个基本元素的步伐组合起来，通过不断练习来明确拉丁舞的律动规律，提高学生对相应组合动作技巧的熟练程度。

进入课堂尾声，教师需要总结归纳课堂学习中的重难点内容及相应动作技巧的练习方法，同时也需要告知学生下节课的教学内容，为学生开展课后练习提供明确的方向和目标。在此过程中，教师可以为学生开展巩固练习提供教学视频等资源，也可以借助教学平台、相关软件等与学生进行交流，依据学生对课堂教学情况的评价和反馈，对后续的教学目标和内容进行优化调整。

目前，拉丁舞教学体系的发展尚未成熟，要继续深入研究国际标准舞舞蹈类课程的规划与设计规律的特点，并将其与拉丁舞教学的应用优势结合起来。对提出的拉丁舞教学目标进行层层分解，并将其落实到实际的拉丁舞课程教学中，为拉丁舞教学的开展提供更准确的依据。在此基础上，可以搭配更多拉丁舞课程教学的案例，从而提高拉丁舞课程的教学效果。

四、拉丁舞的形体美学

拉丁舞以其独特的节奏、热情洋溢的风格和对身体韵律的极致追求，展现了无与伦比的形体美学。它不仅是一种舞蹈形式，更是一种情感的表达，一种生活的态度，一种对美的独特诠释。

（一）舞者身体协调性

拉丁舞的魅力，首先体现在对舞者身体协调性的极致追求上。拉丁舞并不仅仅是脚步的移动，而是一种全身的舞蹈语言。从手指的轻轻摆动，到脚尖的微妙转动，甚至眼神的流转，舞者的每一个细节都被精心设计，以此来表达音乐中的每一个情感波动。这种全身的协调运动，仿佛是一场动态的艺术表演，每一个动作都需要精确到毫秒，展现出无尽的韵律美，让人仿佛置身于音乐的海洋中。

以恰恰舞为例，在这种充满活力的拉丁舞种中，切分步是对身体协调性和节奏感的考验。在音乐的节拍下，舞者需要在瞬间完成脚步的转换，同时身体要随之摆动。这需要舞者拥有极强的身体控制力，才能在短暂的时间内完成这一连串的动作，瞬间的爆发力与流畅的过渡形成鲜明对比，充分展示了拉丁舞的力量与灵动。这种力量的瞬间释放和流畅的过渡，就像是一颗璀璨的火花在舞台上瞬间点燃，然后又迅速融入舞蹈的流动中，形成一种独特的视觉冲击力。

拉丁舞的形体美学是一种综合的艺术表现，它融合了力量、灵动、协调和情感，通过舞者的身体语言，将音乐的节奏和情感生动地展现出来。无论是舞者的每一个细微动作，还是舞蹈的整体节奏感，都充满了无尽的魅力，让人在欣赏的同时，也不禁对拉丁舞的形体美学产生了深深的敬意。

（二）舞者与舞伴之间的默契配合

拉丁舞强调的是舞者与舞伴之间的默契配合。在舞蹈中，舞伴们需要通过肢体的接触和眼神的交流，感知对方的节奏和力量，从而达到身心的交融。在热烈的音乐节奏中，舞者们不仅要展现出华丽的舞步和优美的身姿，更重要的是，他们需要通过微妙的肢体接触和深情的眼神交流，捕捉和理解对方的每一个动作、每一个呼吸，甚至每一个微小的情绪变化。这种深度的感知和理解，仿佛在舞者之间编织出一条无形的纽带，将他们的心灵紧密相连。

在拉丁舞中，力量的传递和节奏的把握尤为重要。当舞伴轻轻相触，他们需要通过身体的微妙变化，感知对方的力量传递，然后以同样的力度和节奏回应，使得舞蹈的流动性和韵律感得以完美呈现。在这种微妙的互动中，舞者必须真正理解和尊重舞伴，才能在舞蹈中找到和谐的共鸣。

拉丁舞的魅力，还在于它能够将舞者的情感世界生动地展现在观众面前。舞台上的每一个转身、每一次摆动，都可能蕴含着舞者无尽的热情、渴望或者忧郁。观众仿佛可以通过这条无形的纽带，感受到舞者内心深处的情感波动，从而产生强烈的共鸣和感动。这种情感的交流和传递，使得拉丁舞不仅是一种艺术形式，更是一种情感的释放和人生的体验。

无论是专业的拉丁舞者，还是热爱拉丁舞的普通人，他们在每一次的舞蹈中，都在寻找和建立这种独特的默契。这种默契，是拉丁舞的灵魂，也是它吸引人的独特魅力。当我们欣赏拉丁舞的时候，我们不仅是在欣赏一种舞蹈，更是在感受一种人与人之间的沟通，一种超越语言和文化的共情力量。

（三）独特的身体语言

拉丁舞的魅力不仅在于华丽的服装和动感的节奏，更在于其独特的身体语言，这种无声的表达方式将舞蹈的艺术性推向了新的高度。每一支拉丁舞背后都承载着特定的文化内涵和情感色彩。

桑巴舞，被誉为“快乐的舞蹈”，以其快速的步伐和强烈的节奏，展现出巴西人的热情与活力。舞者通过身体的激烈摆动和扭动，在舞台上点燃了一把热情的火焰，让观众沉浸在热烈的气氛中。

恰恰舞，以其轻快的节奏和俏皮的动作，展示了拉丁舞的活泼与幽默。舞者巧妙地运用脚步和身体的微妙变化，传达出一种轻松愉快的情绪，仿佛在邀请观众一同参与这场欢快的派对。

伦巴舞，被誉为“爱情的舞蹈”，以其缓慢的步伐和缠绵的旋律，表达出深深的爱意和情感。舞者通过身体的柔韧和细腻的肢体语言，描绘出一幅幅浪漫的画面，让观众感受到爱情的甜蜜与苦涩。

牛仔舞，以其活泼的节奏和自由的舞步，展现了美国西部牛仔的无畏精神和乐观态度。舞者通过大幅度的身体摆动和跳跃，在舞台上自由驰骋，带给观众一种充满活力的视觉享受。

斗牛舞，以其豪放的动作和强烈的节奏，展现了西班牙斗牛士的勇敢与决绝。舞者通过有力的身体控制和大胆的肢体语言，将斗牛场上的紧张与激情生动地呈现出来，让观众感受到一种无与伦比的勇气和力量。

拉丁舞者通过身体的每一个动作，将各种情感具象化，使观众仿佛能感受到舞者内心的激情和生命力。拉丁舞就像一幅幅生动的画卷，将拉丁文化的独特魅力展现得淋漓尽致。无论是热情的桑巴舞，还是缠绵的伦巴舞，抑或是活泼的牛仔舞，都以其独特的身体语言，诉说着无尽的故事，传递着深深的情感，让每一位观众都能感受到拉丁舞的无穷魅力。

参考文献

[1] 谢权．体育舞蹈教学理论与实践研究 [M]. 青岛：中国海洋大学出版社，2020.

[2] 彭智敏．结构与定向理论应用体育舞蹈教学理论研究 [J]. 文体用品与科技，2013(16)：148.

[3] 李广学．现代体育舞蹈教学理论探究 [M]. 长春：吉林大学出版社，2013.

[4] 上官来．体育舞蹈教学能力结构的理论研究 [D]. 武汉：武汉体育学院，2006.

[5] 王学农．现代迁移理论与体育舞蹈教学 [J]. 汉江师范学院学报，2009，29(6)：112-114.

[6] 罗辑．新形势下对体育舞蹈教学的思考 [J]. 大舞台，2013(8)：200-201.

[7] 李昂，李窦逗．体育舞蹈教育理论与教学经验分析——评《体育舞蹈教学训练研究》[J]. 中国教育学刊，2020(10)：141.

[8] 邹晶．青少年体育舞蹈课程教学改革研究 [J]. 文艺生活·文艺理论，2019，14(24)：72-74.

[9] 王勇．普通高校体育舞蹈课美育教法新探——社会学视角下体育舞蹈教学的美育实践 [J]. 北京体育大学学报，2016，39(7)：102-107.

[10] 黄子晏．教育理论在幼儿创造性舞蹈课程教学之运用 [J]. 舞蹈教育，2016(14)：169-172.

[11] 李雪．东北大学体育舞蹈课立体化教学模式设计及实施 [D]. 沈阳：东北大学，2014.

[12] 王杰，吴利利，王继红．武术，体育舞蹈对上海市青少年健康体适能影响的实验研究 [C]//2017 年中国生理学会运动生理学专业委员会会议暨“学生体质健康与运动生理学”学术研讨会论文集．2017.

[13] 孙梅芳．当前我国高校体育舞蹈教学探析 [J]. 魅力中国，2019，3(7)：97-99.

[14] 邱习勤，赵栩博．普通高校体育舞蹈课教学顺序优选的实验研究 [J]. 广东省第七届大学生运动会科学论文报告会，2010.

[15] 王珂，王家彬．体育舞蹈与流行交谊舞 [M]. 西安：西北工业大学出版社，2007.

[16] 王景振．体育舞蹈个性化教学模式的理论研究 [J]. 湖北科技学院学报，2014，34(11)：162-163.

[17] 李婷，王晓贞．建构主义理论在江苏省普通高校体育舞蹈教学中的应用研究 [J]. 内江科技，2011，32(6)：60，74.

[18] 解少康．体育舞蹈专项课中华尔兹舞教学内容体系构建的理论研究——以武汉体育学院为例 [D]. 武汉体育学院，2015.

[19] 陈威．多元智能理论指导下高校体育舞蹈课程教学改革研究 [D]. 南京：南京师范大学，2010.

[20] 邹密，马尚．体育舞蹈教学中自我效能理论的应用研究 [J]. 科技创新导报，2016，13(29)：149，151.

[21] 闫磊磊，岳美平．教学艺术理论在体育舞蹈教学中的应用研究 [J]. 文体用品与科技，2015(2)：

138–139.

[22] 王琪琪．超循环理论在体育舞蹈理论教学中的运用 [J]. 冰雪体育创新研究，2021, 000(14)：38–39.

[23] 张梦瑶，王杰．耗散结构理论视野下体育舞蹈教学研究 [J]. 运动－休闲（大众体育），2021, 000(8)：1–2.

[24] 董秀秀．体育舞蹈个性化教学模式的理论分析 [J]. 冰雪体育创新研究，2020(16): 2.

[25] 高鑫．超循环理论视角下体育舞蹈理论教学与技术教学并行的重要性 [J]. 文艺生活·文艺理论，2020, 13(07): 81–84.

[26] 康嵇明．基于协同理论的高校体育舞蹈教学研究 [J]. 文体用品与科技，2020(22): 179–181.

[27] 王少娟．浅析马斯洛需求层次理论对体育舞蹈教学的优化 [J]. 新闻研究导刊，2020, 14(24): 72–74.

[28] 杨妮．体育舞蹈教学发展的新走向：基于翻转课堂的理论构建 [J]. 体育风尚，2019(5): 69–70+72.

[29] 刘慧．体育舞蹈教学能力结构的理论研究 [J]. 科教文汇（中旬刊），2018(2)：102–103.

[30] 宋瑾．心正与形美——格式塔理论在体育舞蹈教学应用分析 [J]. 卷宗，2018, 8(36)：182.

[31] 刘颖颖．高中体育舞蹈个性化教学模式的理论研究 [J]. 青少年体育，2016(1)：82，59.

[32] 孙文．耗散结构理论在优化体育舞蹈教学训练模式中的应用 [J]. 体育世界（学术版），2017(9).

[33] 陈怡如．“互联网”背景下高校体育舞蹈教学的制约因素及发展策略 [J]. 教育理论与实践，2018, 38(30)：63–64.

[34] 周雯．体育舞蹈技术课非语言性教学方法的理论研究 [D]. 武汉：武汉体育学院，2012.

[35] 韩坤．体育舞蹈教学对促进大学生身心发展的实验研究 [J]. 文艺生活·文艺理论，2016(1)：237.

[36] 张艳．新媒体环境下高校体育舞蹈教学研究 [J]. 新校园（理论版），2018(11): 57.

[37] 周哲民．思考建构主义理论对国际标准舞教学实践的帮助 [J]. 尚舞，2023(5): 102–104.

[38] 徐勤萍．体育舞蹈角色扮演教学模式的理论与实践研究 [J]. 浙江体育科学，2013, 35(5): 62–64.

[39] 刘蓉．普通高校体育舞蹈课程中的德育负载研究 [J]. 灌篮，2021, 23(4): 9–12.

[40] 张誉馨，贺祎．动作控制两种理论在运动技能学习和教学中的作用——以体育舞蹈为例 [J]. 拳击与格斗，2021(10): 20.

[41] 曲钰洁．动作控制的两种理论对体育舞蹈学习和教学的启示 [J]. 休闲，2020(32): 4–5.

[42] 张艺宁．自我效能理论在体育舞蹈训练中的应用探究 [J]. 当代体育，2022(17)：98–100.

[43] 周威杰，王波，赵莉．高校体育舞蹈课美育教法新探——社会学视角下体育舞蹈教学的美育实践 [J]. 当代体育，2020(6)：117.

[44] 朱楠．具身认知视角下中小学体育舞蹈教学的反思 [J]. 运动－休闲（大众体育），2022(13)：100–102.

[45] 陈晓，谢云龙，戴昕．基于动作控制理论谈体育舞蹈运动技能学习与教学应用 [J]. 休闲，2020, 000(30)：1.

[46] 李继云．体育舞蹈教学中有效渗透信息技术研究 [J]. 散文百家，2019, 90(12): 141–141.

[47] 解少康．应用型高校体育舞蹈普修课“学练赛用”教学改革的理论探究 [J]. 教育现代化，2019(68): 55–57.

[48] 黄书琴．基于目标驱动下契约式教学法在高校体育舞蹈教学中的应用与研究 [D]．南京：南京体育学院，2020.

[49] 孔祥魁．建构主义理论应用于高校体育舞蹈专选教学的实验研究 [J]．当代科技教育，2012，2(24)：51，53.

[50] 刘敏茜．西南地区师范院校“体育舞蹈理论与实践方向课”研究生课程建设比较研究 [D]．昆明：云南师范大学，2019.

[51] 李雪．浅析体育舞蹈教学中音乐的应用 [J]．文艺生活・文艺理论，2015(5)：239-239.

[52] 陈泽刚．高校体育舞蹈教学中的国标舞美学价值 [J]．文艺生活·文艺理论，2017，13(04)：142-152.

[53] 彭智敏．“结构与定向”理论应用于体育舞蹈教学的背景研究 [J]．剑南文学：经典教苑（下），2013(9)：339.

[54] 马志立．6-12岁少儿伦巴舞教学内容构建的理论研究 [D]．武汉：武汉体育学院，2016.

[55] 闫格．多元智能理论以及对体育舞蹈教学的启示 [J]．拳击与格斗，2017(5)：28-29.

[56] 陈美怡．体育舞蹈教学中美育教育的影响研究 [J]．艺术评鉴，2021(11)：4.

[57] 陈晔．现代化教育技术与高校体育舞蹈教学相结合的应用研究 [J]．城市建设理论研究：电子版，2014(16)：142-152.

[58] 张志琴．体育舞蹈艺术化教学的思考与探讨 [J]．新西部（下半月），2009(11)：222-223.

[59] 宋友林．试析欣赏在高校体育舞蹈教学中的运用 [J]．新西部：（下半月），2007(9)：180，186.

[60] 袁国栋．多媒体与增强现实环境下体育舞蹈的教学方法 [J]．运动—休闲（大众体育），2023(10)：22-24.

[61] 丁源源，张斌．MOOC 背景下形体训练融入高校体育舞蹈课程的运用研究 [J]．科教文汇，2022(10)：104-107.

[62] 刘蓉．普通高校体育舞蹈课程中的德育负载研究 [J]．灌篮，2021(7)：2.